中国人民大学科学研究基金（中央高校基本科研业务专项资金资助）项目成果（批准号：20XNA025）

现代汉语目的范畴研究

丁健 著

上海教育出版社
SHANGHAI EDUCATIONAL
PUBLISHING HOUSE

目 录

第一章 绪 论

1.1 基 本 概 念

汉语学界以往习惯于将"目的"当作一个不言自明的概念来使用,不加以定义,无论是最早研究目的复句的黎锦熙(1991[1924]:215),还是近几年编写的现代汉语教材(如黄伯荣、李炜,2016:108等),都存在这样的问题。因此,作为全书的开端,本节将首先从语法范畴谈起,进而对目的范畴做一个较为清晰的说明。

1.1.1 语法范畴

范畴化(categorization)是对事物进行分类的心智过程(Ungerer 和 Schmid,2006:8),人们从纷繁复杂的世间万物中概括出某些共性特征,再以此为基础对不同的事物进行归类,归入同一类别的事物具有大致相同的共性特征,这是人类最基本的认知能力,也是人类知识得以贮存和传播的前提。范畴(categories)是范畴化的产物,"在认知上比较抽象的事物,会有不少或实际或潜在的实例"(Croft 和 Cruse,2004:74),比如"水果"这个范畴就是对"苹果""橘子""西瓜"等事物共性特征(植物果实、可食用、多汁等)的归类,而"苹果""橘子""西瓜"这些就是"水果"的实例。

范畴作为认知行为的结果,也被称为认知范畴,它以某种方式储存在人脑中,是看不见、摸不着的,比如在现实世界中,我们无法找到一种实实在在的叫"水果"的东西,我们能够直观感知的只是具备该范畴共性特征的事物。一个认知范畴一旦投射到语言中,并用一个固定的语言符号来表征——即被赋予一定的符号形式,成为该符号的所指——那它就变成了语义范畴。可以说,语义范畴是认知范畴在语言层面的固化,而认知范畴是语义范畴得以形成的认知基础。认知范畴并不必然导致相应语义范畴的产生,而且具体的认知范畴能否成为语义范畴也因不同的语言而异。比如,"透过树叶缝隙照射进来的阳光"这一认知范畴,在日语中是一个语义范畴,与"木漏れ日(こもれび)"这个符号形式相对应,但在汉语中就不是一个语义范畴,因为没有固定的语言符号来表征。又如,"提问题特别多的人"这一认知范畴,在俄语中是一个语义范畴,与"почемучка"这个符号形式相对应,但在汉语中也不是一个语义范畴。① 每种语言中都有一些仅存于心智之中,难以用固定或准确的词表达出来的意义,因为它们还只是认知范畴,尚未成为语义范畴。

语义范畴有两种表现:一是概念意义(或词汇意义),二是语法意义。概念意义用实词或固定短语的形式来表达,而语法意义用词缀、交替、虚词等形式来表达,这些形式被统称为语法形式。从根源上来看,语法意义是人类祖先将某些概念意义形式化并规约为在组合结构中表达的一般性意义的结果。比如,"多于一的数量"是一个概念意义,如果在一种语言的组合结构中,只要所涉及事物的个体数量多于一,这个意义就必须以某种特定的形式表达出来,否则结构就不合格,那么这个概念意义就已经成为语法意义了。比较下面两个句子:

(1)冰箱里有(许多)苹果。

(2)There are (many) apples / * apple in the fridge.

(1)中,无论有几个苹果,汉语都用"苹果"这个形式来表达。(2)中,如果苹果的数量多于一,英语就必须用 apples 这个形式来表达,不能用 apple。即使句中已经有量化词 many 来表明苹果的数量是多于一的,仍然要用 apples 这个复数形式,尽管它在意义表达上是冗余的。可见,"多于一的数量"在汉语中不是语法意义,但在英语中是语法意义。所以,语法意义必定有概念意义作为根据,但概念

① 感谢岭南师范学院日语系王海波老师和中国人民大学俄语系李莎老师提供了这两个例子。

意义却不一定有相应的语法意义。

　　尽管语法意义在历史上源于概念意义，但二者早已分化，最显著的标志就是在共时层面以不同的形式来表达。例如，"多于一的数量"，作为概念意义，在英语中与 plural 这个形式相对应；但作为语法意义，主要用后缀-s 的形式来表达，绝对不能说"＊There are many plural apple in the fridge"。而且，由于人类认知能力的发展，现代人的知识体系与古人存在着许多差异，这就造成有些语法意义很难与其原始的概念意义之间建立起联系，比如"阴性""阳性"等语法意义，大多数时候是和生理上的性别无关的。

　　范畴不仅存在于非语言的概念结构中，还存在于语言结构中，因为语言结构和其他概念结构一样，都建立在人们的认知机制之上。如果对彼此有共同性质的语法意义进行归类和概括，就形成了语法范畴。比如，将"过去时""现在时""将来时"等语法意义概括为"时"范畴，将"阴性""阳性""中性"等语法意义概括为"性"范畴，等等。认知范畴是以一种上下位层级关系联系起来的，Rosch 和 Mervis（1975）将范畴分为三个主要层次：上位层次、基本层次和下位层次。其中，基本层次在认知上最显著，最能体现出不同范畴间的差异，并且范畴内成员之间的相似度也最高。比如，"狗"是一个基本层次范畴，其上位层次范畴是"犬科动物"，更上位的是"哺乳动物"，其下位层次范畴有"柴犬""柯基犬""比格犬"等。同样，语法范畴也体现出层次性，比如"时"范畴是一个基本层次范畴，其上位层次范畴是"语法范畴"，其下位层次范畴有"过去时""将来时"等，而且这些下位层次还可以有更下位的范畴。例如，在奇本巴语（Chibemba，班图语的一种）中，过去时有遥远过去时、远过去时、近过去时和最近过去时四个下位范畴，与之相对应的是，将来时也有遥远将来时、远将来时、近将来时和最近将来时四个下位范畴（Chung 和 Timberlake，1985：208）。不过，"语法范畴"这个术语一般只能指基本层次范畴，不能指下位或更下位的层次范畴。正如高名凯（1960：121）所说的："我们并不把'单数'或'阴性'看成语法范畴，只把它看成属于'数'或

'性'的语法范畴之内的一个语法意义。"

　　纵观整个语法研究史,语法范畴这个概念的内涵在不断地扩大。欧洲学者传统上将语法范畴看作是由特殊的词形变化(即构形形态)来表达的语法意义的概括。我们通常所说的语法范畴,如"性""数""格""时""体""态""人称"等,在大多数欧洲语言中都是用词形变化来表达的,因此就被归类为一个个的语法范畴。房德里耶斯(2011:108)就是在这种传统观点下来使用"语法范畴"这个术语的:"人们把形位①表达的概念叫语法范畴"。"不管我们考虑哪种语言,语法范畴都只按它们所由表达形式来确定。在古代希腊语里有一种语气叫愿望语气……没有特殊的形式表达这种语气的语言,我们没有权力说它有这种语气"。这里的"特殊的形式"就是指词形变化,也就是说,某种概念意义(比如愿望语气)如果不用词形变化来表达,就不能视为一种语法范畴。这种认为语法范畴必须以词形变化来表达的观点,至今仍有一定的影响力。比如,国内高校广泛使用的语言学教材《语言学纲要》中,就把语法范畴定义为"词形变化所表现的语法意义的聚合"(叶蜚声、徐通锵,2010:104)。

　　词类传统上是基于概念(语义)属性来划分的,例如:名词是给人、地点或事物命名的词;动词是给动作或事件命名的词;形容词是描述状态的词。但后来人们发现,不同的词所包含的语法范畴是不同的,以英语为例,apple、book 等词有数范畴但没有时范畴和级范畴,eat、look 等词有时范畴但没有数范畴和级范畴,而 small、good 等词有级范畴但没有数范畴和时范畴,所以可以将包含相同语法范畴的词归为一类,这样,词类(如名词、动词、形容词等)就被看成是语法范畴。到了当代语言学中,人们以短语中核心语(head)的词类来命名整个短语(Kroeger,2005:36),例如 eat an apple 是一个动词短语(VP),因为它的核心语 eat 是动词(V),这样,短语类别(如名词短

---

　　①　这里的"形位"(法语是 morphème)是形态单位的意思,用来指表示语法关系的最小单位。

语、动词短语、形容词短语等)也被看成是语法范畴。

然而,对于缺乏词形变化的语言来说,如果囿于欧洲学者的传统观点,认为语法范畴依存于词形变化,势必会得出这些语言没有语法范畴的结论。就汉语而言,虽然缺乏词形变化,但有许多虚词来表达语法意义,它们也是语法形式。高名凯(1960:127)对此有精辟的论述:"如果我们否认汉语的虚词有表达语法意义的作用,那么,汉语的虚词就不成其为虚词了。汉语的虚词既是语法工具,它总得是某种语法意义的表达工具,只要这些语法意义可以归成类别,我们就不能不把这语法意义的概括或归类称为语法范畴。"也就是说,语法范畴固然要以一定的语法形式来表达,但这个"语法形式"不能理解为只是词形变化。为了区分用词形变化表达的语法范畴和用虚词表达的语法范畴,高名凯(1960:127)将前者称为综合范畴,将后者称为分析范畴。

高名凯(1960:122)认为:"句法所表达的语法意义是不能再加概括的","语法范畴是词法中的语法意义学的问题,不属于句法学的范围"。但实际上,把虚词意义的概括视为语法范畴,就已经超出了"词法中的语法意义"的范围。高名凯(1960:127-128)在论证汉语中存在"体"这个分析范畴时,举了"了"和"着"的例子,说它们表达了动作的完成(如"我吃了饭")和动作的持续(如"我吃着饭")等语法意义,但同时也指出"它们不是词的内部组成部分,不是词尾"。这就表明他已经承认"了"和"着"所表达的不是词法中的语法意义。

胡明扬(1992)也批判了"只有形态变化……才是语法形式"的观点,并指出相对于词形变化这种显性语法形式而言,"某种潜在的组合可能性或分布特征"是隐性语法形式,而"由隐性语法形式和相应的语法意义构成的语法范畴不妨称之为语义语法范畴"。这样就明确了句法中的语法意义也属于语法范畴,而且除了虚词,将句法分布也视为一种语法形式。例如,汉语中的自主范畴,就是通过动词和相关成分的不同句法分布来表达自主和非自主的语法意义的(详见马庆株,1988)。

胡明扬(1992)使用"语义语法范畴"这个术语,是为了有别于传统上所说以词形变化来表达的"语法范畴"。后来,陆俭明、沈阳(2016:216)将二者统称为"语法范畴",并在内部区分出两个子类:由词的变化形式表示的语法意义叫"词范畴",由句法结构的变化形式表示的语法意义叫"句范畴",同时还指出"汉语是缺乏形态变化的语言,……其他语言中属于词范畴的意义在汉语中往往也表现为句范畴意义"。

1.1.2 目的范畴

和其他语法范畴一样,目的范畴也是以一定的语法形式来表达某种语法意义,而且这种语法意义也有其概念意义的基础。[①] 本书采纳 Jackson(2013[1990]:57)对目的的概念意义的定义:"目的在其表达可能事件时包含一个目标成分:它是以预期结果的方式表述的原因。"这个定义非常准确地描述了目的的双重属性:一方面,目的是人们实施行为的原因。我们看到的是某人在现实世界中实施了某一行为,实际上他在心理上早已怀有了某个意图,正是这个意图驱动他采取相应的行为,并且在行为实施的过程中一直保持着这种驱动力。另一方面,无论是已经实施的行为还是将要实施的行为,都会造成某种结果。然而,目的不是已经实现的结果,而只是说话人想要达成的结果,或者说是说话人预期某种结果会因为他所实施的行为而实现。有时候,现实结果与预期结果并不一致,甚至有可能背道而驰。例如"揠苗助长"的故事中,宋人在帮助禾苗生长这个意图的驱动下将禾苗拔高,他的预期结果是禾苗长得更高,但现实结果是禾苗枯死了。[②] 不过,现实结果与预期结果是否一致,并不在目的的概念意义之内。

意图和预期结果都不是独立存在的概念,而必须依赖于一定的

---

① 房德里耶斯(2011:108)也提到,"目的"是一种语法范畴,但对此没有任何的论述。

② 原文见《孟子·公孙丑上》:"宋人有闵其苗之不长而揠之者,芒芒然归,谓其人曰:'今日病矣!予助苗长矣!'其子趋而往视之,苗则槁矣。"

行为,与之相联系,如果没有行为,也就不存在行为的目的。我们通常说的"他的目的是……"之类的话,实际上就已经蕴含了为达到目的而采取的行为,只是在特定的语境中没有将相应的行为说出来,只要有需要,就可以把行为编码到句子中,例如:"他打扫房间/来北京/这样做的目的是……"等等。可见,目的与行为之间的联系是不可分割的。所以,目的的概念意义,准确地说是一种关系意义,即"行为—目的"关系,简称"目的关系"。

在目的关系中,行为事件和目的事件可以是由同一个施动者发出的,如(3)所示;两个事件也可以没有任何共享的参与者,如(4)所示。但只要是目的关系,就意味着行为事件的施动者在某种程度上参与了目的事件的实现。在(4)中,"我"虽然无法通过"微调计划"来控制"你采取行动",但至少"我"在意愿上是希望"你采取行动"的。行为事件的施动者对目的事件的控制度越高,预期结果就越可能实现,那么目的关系也就越明显。所以,"目的关系的典型例子是包含位移谓语的"(Cristofaro,2003:157),就像(3)那样。因为在这类目的关系中,施动者是为了实现目的事件而有意识地发出位移动作(比如"去某个地方"),这种实现就通常被认为是由施动者本身所带来的。

(3) I went to the market to buy the pumpkin.

(我去市场买南瓜。)

(4) I fine-tuned the scheme in order for you to act on your objective.

(我对计划进行了微调,以便你在你的目标上采取行动。)

目的在人类行为中占据重要地位,因此大多数人类语言都将目的概念意义规约为在组合结构中表达的一般性意义,并以一定的语法形式表达出来,这样的目的就从概念意义变成了语法意义。不同的语言可能会采用不同的语法形式来表达目的,但在具体语言中,一般会落实为一种常规的语法形式。就世界语言来看,复杂句是表达目的关系的最为原型的语法形式。这是因为目的关系包含行为和目的两个事件,用两个小句来分别表达行为事件和目的事件,符合语言的象似性原则。同时,复杂句将行为小句和目的小句整合为一个主从结构,相较于两个隐含着目的关系的并置小句来说〔如将(3)改为(5)〕,主从结构更凸显了行为和目的之间的关联性和整一性。

(5) I went to the market. I bought the pumpkin.

（我去了市场。我买了南瓜。）

有些语言可以用连动句来表达目的关系,例如汉语中的"他上街买菜",其中的两个动词短语分别表达行为和目的的内容,但与复杂句不同的是,连动句所表达的"行为—目的"关系是一个单一事件,而这一关系在复杂句中则表现为两个不同的事件。还有少数语言可以用动宾结构来表达目的关系,例如汉语中的"排火车票",整个目的事件中只保留目的物,使其直接充当行为事件动词的宾语,这是目前所见到的结构最简洁的目的关系语法形式。

在言语活动中,为了使目的范畴的语法形式能够最大程度地服务于言语交际,准确地将目的的意义传达给听话人,说话人还会用一些专门的形式来凸显或明确目的关系,这些形式被称为"目的标记"。不过,目的标记一般都用于复杂句中的目的从句或是与目的从句相当的语法形式,如目的副动词(converb)①等〔(6)中的 wakca-na-laga-mi 就是一个目的副动词的例子〕,而不用于表达目的关系的连动句或动宾结构。目的标记是从语义上来定义的一个概念,没有与之对应的固定形式。无论是形态层面的词缀,还是句法层面的虚词或功能相当于虚词的固定短语(如"是为了""为的是"等),只要是专门用来标示目的关系的,都可以称之为目的标记。例如:

(6) 乌德盖语(Udihe)②

----

① 副动词是阿尔泰语系特别是蒙古语族中常见的术语,指表达状语性从属关系的非限定动词,在句法上依附于另一个动词,它可以是一个附加语(即状语),但不能作为简单句的唯一谓语,也不是小句式的论元(即不能从属于"开始""命令"这样的谓词)或名词性论元(即不能出现在主宾语的位置)。

② 乌德盖语,是俄罗斯远东地区的乌德盖人所使用的语言,属阿尔泰语系满—通古斯语族。

Bi　　　ketu　　egdi-me　　diga：-mi

我.宾格　　非常　　多-宾格　　吃.过去时-第一人称单数

wakca-na-laga-mi.

打猎-命令标记-目的标记-相同主语

我吃了很多，以便去打猎。(Nikolaeva 和 Tolskaya，2001：744)

　　乌德盖语中的目的标记是加在动词词根上的一个后缀-laga，而将(6)这句话翻译成汉语后相对应的目的标记变成了连词"以便"，因为汉语中没有形态层面的目的标记。此外，汉语中的"以便"不仅标示了目的关系，同时还是主句(即行为小句)和目的从句之间的小句连接标记，但乌德盖语中的-laga 只标记目的关系，没有小句连接的功能。

　　目的标记并不都是单一功能的语素，有时候会负载两种或更多种的功能。为了避免歧义，这种多功能标记在句中使用时一般要配合其他的语言形式来共同表达。例如，在内芙芙语(Neverver)①中，il 既是目的标记也是原因标记。当 il 标记目的从句时，从句必须有非现实语气标记，且主句都要带上升的非句末语调；当 il 标记原因从句时，从句一般要有现实语气标记，而主句既可以带上升的非句末语调，也可以带下降的非句末语调(Barbour，2012：401 - 402)。

　　还有些语言中，目的标记的使用会受到某些句法—语义条件的限制。例如，冻原涅涅茨语(Tundra Nenets)②中，通常只在目的从句主语和主句主语相同的时候才使用目的标记-wənc′ᵒ，如(7a)所示；而(7b)这种不带目的标记-wənc′ᵒ的名词化目的从句，既能用于主语相同的时候，也能用于主语不同的时候。

　　(7) a. n′a-xənta　　　　　　　　　　　　　xæ-wənc′ᵒ

同伴-与格.第三人称单数　　　　　　　去-目的标记

---

　　①　内芙芙语，是瓦努阿图的马拉库拉岛(Malekula)上的敏都人(Mindu)和萨汗人(Sakhan)所使用的语言，属南岛语系。
　　②　冻原涅涅茨语，分布于俄罗斯北部，从卡宁(Kanin)半岛沿着广袤的冻原地带向东延伸，一直到叶尼塞河三角洲和叶尼塞湾，属乌拉尔语系萨摩耶德语族。

ŋəno-də-nta　　　　　　　　　　　　　sʹertaə-sʹº.

船-目标格-属格.第三人称单数　　　　　做-过去时

他造了一艘船,以便去看他的弟弟。

  b. mənʹº　　　　　　　nʹa-xənºh

   我　　　　　　　同伴-与格.第一人称单数

   xǣ-wa-nº　　　　　　　　　　　　yeqmºnʹa

   去-未完整体.名词化-属格.第一人称单数　　　给

   ŋəno-də-wº　　　　　　　　　　　sʹertaə-sʹº.

   船-目标格-属格.第一人称单数　　　　　做-过去时

   他给我造了一艘船,以便我去看我弟弟。(Nikolaeva,
2014:382)

  综上所述,如果要对目的范畴下一个定义的话,我们可以说:目的
范畴是表示行为的意图和预期结果的语法范畴,通常涉及两个小句或
两个动词短语之间的关系,并且可以用专门的语法标记来标示这种关
系。目的范畴的下位层次范畴主要有积极目的和消极目的两类,前者
表示希望某种事件或状态发生的目的,后者表示避免或防止某种事件
或状态发生的目的。当然,作为语法范畴,必须要有相应的语法形
式,因此像汉语这样用不同的连词来标记积极目的(例如"为了""以
便"等)和消极目的(例如"以免""省得"等)的语言,就可以区分出这
两个下位层次的语法范畴。如果一种语言在表达消极目的时,没有
专门的语法形式,而只能通过将积极目的从句改为否定句的方式来
表达〔请对比(8a)和(8b)〕,那么这种语言就不存在消极目的范畴。

  (8) a. 我连忙打电话通知他,以免他明早再跑一趟。

    b. 我连忙打电话通知他,以便他明早不再跑一趟。

1.2　理　论　基　础

  语言从来不是一个一成不变的封闭系统,而是在交际和认知的
作用下不断地进行着重组、改造与创新。功能主义语言学的一个流

行趋势是将语言结构视为"对复杂环境压力的适应",适应的方式包括"语言在交际互动中的使用",以及"语言在言语产生和理解中的获取和处理"(Schmidtke-Bode,2009:9)。因此,语法本质上"是在实际运用中由认知方式、社会需求和话语交互作用等因素的促动下形成的"(张伯江,2005:27)。

　　语言是人类社会中最重要的交际工具,这一属性决定了语言最基本的功能就是交际功能。任何一句话,都是在交际中实现它的意义的。功能语法学家不像形式语法学派那样严格地区分"语言能力"(linguistic competence)和"语言运用"(linguistic performance),而是认为语法根本上是由交际的需要产生的,并根据交际运用不断调整,离开了语言运用就无所谓语言能力。正如 Tomasello(2003:5)所说:"当人们使用符号与他人交流时,把它们串在一起形成序列,使用模式就会出现并巩固为语法结构。"交际在人类语言中留下的最明显的印记当数语用原则,例如根据"数量准则",人们倾向于在对话中根据交际需要提供信息,关键是信息要足量但不过量(参看Grice,1975:45)。实际上,语法也可以看作是一些经常性的用法在语言的动态使用过程中逐渐"浮现"(emergent)出来,并由话语塑造成形的(参看 Hopper,1987)。即便是在共时语法平面,某些语法形式的功能也会在交际因素的驱动下而发生细微改变,浮现出新的用法。这里举一个例子,并列连词"和""与"本来的语法功能是连接两个相同语法范畴的词或短语,例如"我和你",连接的是两个人称代词;"阴谋与爱情",连接的是两个名词。但在交际中,人们需要将那些意义上相关或者具有联想关系的两个成分并列在一起,而不管它们是否属于相同的语法范畴,于是"和""与"的连接功能就扩大了。例如,(9)中"和"连接的是动词和名词,(10)中"与"连接的是名词和形容词。这种新用法一旦"广为使用、反复使用",其结果就是"它们逐渐固定下来,约定俗成,变成了语法规则"(沈家煊,1998)。

　　(9)云层太厚,看不清任何目标,目标早已碎裂为哭喊和瓦砾。(黄亚洲《盲降》)

　　(10) 老人晚年在家揽活糊口,对玉器行老板总是一口价,保持着一位艺人的尊严与孤傲。(《人民日报》1999 年)

　　交际在不同方面深刻地影响着语法的构造,这里择要来谈几点:第一,语法结构要与信息处理的特定方式相适应,越容易被听话人识别的成分出现得越早,或者说在线性序列中前置的倾向越大(参看陆丙甫,2005)。在世界语言中,代词宾语总是比名词宾语更倾向于前置(参看 Greenberg, 1966:91),正是因为代词宾语比名词宾语更容易被听话人识别。第二,交际要讲求效率,尽可能付出最少的努力来传递信息,因此经济性就成了语法的一条重要组织原则。语法形式经常为了表达的经济性而发生简化,连动句的产生就是如此,将原本用两个小句表达的内容整合到一个谓语结构中(参看高增霞,2006:105 - 107)。第三,许多新的语法结构因为表达创新性的需求而产生,并且可以打破旧有的语法规则,例如用程度副词来修饰名词(例如"很中国"),由不及物动词构成的被动结构(例如"被自杀"),等等。第四,多功能语法形式会增加人们交际时处理信息的负担,因此到了一定的程度会发生形式上的分化。例如,"为"在古代汉语中兼做原因标记和目的标记,而在现代汉语中已经分化出"因为"和"为了"这两种形式来分别表达原因和目的。

　　除了交际之外,语言的结构属性还受制于我们的认知。语言系统地根植于人类的认知:声音和言语"是人活动的产物,也是人理解的对象,所以发出声音和说出言语的过程涉及人的心智。声音和言语既是言说和理解这一认知过程的输入材料,又是该认知过程产出的结果,所以言说和理解受认知过程的支配"(Croft 和 Cruse, 2004:2)。正因为如此,"支配语言使用的认知过程,尤其是通过语言进行的意义建构和交流,原则上与其他认知能力相同"(Croft 和 Cruse, 2004:2),也就是说,语言能力并不是独立于认知之外的一种自主的能力,它和记忆、感知、注意等其他认知能力没有显著差异。Croft 和 Cruse(2004:2)基于认知,将语言定义为:"是离散的、有结构的符号单位所组成的时间序列的实时感知和产出。"显然,这是在结构主义语言观的基础上特别强调了"实时感知和产出"的认知能力。从这个观点来看,语言基本上可以看作是这样的听觉或视觉信息:它需要被感知、注意、分类为有意义的成分,能够储存在记忆中并从记忆中检索和提取出来。

就目的范畴来说,它形成的背后是人类心智通过感知来识解"行为—目的"关系这种反复出现的经验并赋予该经验以结构的操作。在本质上,人们对"行为—目的"关系的认知经验基础是力动态(force dynamics)意象图式,或者说"行为—目的"关系是力动态意象图式的具体表现之一,这一点将在第二章 2.1 节中详细论述。此外,目的标记在句中的使用则是认知和交际的合力对语言结构施加影响的结果。注意是最基本的感知活动之一,但无论是听觉注意还是视觉注意,都会表现出其局限性,当我们面对纷繁的信息时,我们的注意只能像聚光灯那样每次只聚焦于其中的一小部分。同时,被感知对象本身的特性也会影响感知者的注意,例如,在一张多人合影中,只有一人戴帽子,那么这个人就比其他人更容易被注意到。在言语交际中,听话人在理解话语时也会存在注意的局限性,因此说话人就要有意识地对话语进行调整和选择,从而更好地引起听话人的注意。目的标记在句中所起的作用就是增强目的关系的凸显性,说话人以此将听话人的注意聚焦到注意对象(即目的关系)上,以便听话人能准确地理解自己表达的话语。

本书的理论基石就是以交际和认知为核心的功能主义语言学理论,在研究目的范畴时,强调话语交际的方式、目的、环境,以及听说双方的认知因素等对语言结构的作用,即通过交际和认知的分析来求得对语法现象的解释。

1.3　研　究　路　径

语法范畴包括形式和意义两方面,二者密不可分,意义是形式存在的前提,而形式则是对意义的表达。朱德熙(1999:80)高屋建瓴地指出:"语法研究的最终目的就是弄清楚语法形式和语法意义之间的对应关系。所以从原则上说,进行语法研究应当把形式和意义结合起来。……要使形式和意义互相渗透。讲形式的时候能够得到语义方面的验证,讲意义的时候能够得到形式方面的验证。"也就是说,形式和意义犹如一个硬币的两面,是互相依存和制约的关系,两者可以互为研究的起点,但不可偏废。

对语法范畴的研究,也要做到形式和意义的结合,既可以从形式出发到意义,也可以从意义出发到形式。正如吕叔湘(1982)在"重印题记"中所说的:"语法书可以有两种写法:或者从听和读的人的角度出发,以语法形式(结构,语序,虚词等)为纲,说明所表达的语法意义;或者从说和写的人的角度,以语法意义(各种范畴,各种关系)为纲,说明所赖以表达的语法形式。"

一般来说,从形式到意义的路径似乎更容易操作,"因为形式往往带有一定的外部标志,比较容易发现;而意义则往往是隐含的,潜在的,比较难于被发现"(邵敬敏,2000:1)。不过,本书选择从意义到形式的路径来研究目的范畴,先分析目的范畴的意象图式和语义特征,再讨论汉语中用于表达目的范畴的语法形式。这样处理主要是基于以下两点来考虑的:

第一,目的是人类社会普遍存在的一个基本概念,不同的语言可能采用不同的语法形式来表达,而且一种语言中的目的范畴语法形式,不一定被另一种语言用来表达目的范畴。如果从复句的形式入手来研究,就无法通过汉语与其他语言的对比来发掘出汉语目的范畴语法形式的类型与个性。另外,不同语言中看似相同的形式,也可能存在一些本质上的差别。就拿目的范畴最典型的语法形式——目的复句来说,国际语言学界所说的"复杂句"(complex sentences)和汉语学界说的"偏正复句"并不是两个完全对等的概念。① 小句(clause)传

---

① 汉语学界对复句的理解与国际语言学界通行的复杂句等概念之间的差异,主要表现在两个方面:一是对复句内部次类划分的认识不同,二是对复句构成单位的认识不同,参看王春辉(2014)。

统上是指"由一个主语和一个谓语构成的语法单位","每个句子(sentence)必须包含一个或多个小句",但如今越来越多的学者扩展了小句的内涵,将其定义为"每个包含一个动词的单位"(Trask,2007：37)。也就是说,一个谓词结构就是一个小句,可以包含论元也可以不包含。复杂句通常都是指"由一个主要小句和至少一个从属小句所构成的句子"(Crystal,2008：95)。① 汉语中的复句是指"两个或两个以上在意义上有关联的主谓结构联合起来表达一个完整的意思,每一个都不做另一个的任何成分"(朱德熙,1956：314)。所以,像"我知道张三没去上班"这样一个主谓结构在另一个主谓结构内充当句法成分的句子,完全符合复杂句的定义,但却从来不被汉语学界归入复句。因此,从意义入手来考察有哪些语法形式,将更有利于我们在跨语言比较的背景下来研究汉语的语法范畴。

第二,即使在同一个语言内部,目的范畴也可能采用不同的语法形式来表达,比如汉语中除了目的复句外,包含介宾状语的单句、连动句、动宾结构等也能表达目的范畴。而且,有些语法形式在归类上还可能有些模糊。例如,将(11a)这样的句子看作复句,是没有什么异议的;但(11b)这样的句子是复句还是单句,可能不同的学者会有不同的看法,尤其是当句中的逗号不出现时,就更容易被看作单句,即其中的"为了考研究生"充当谓语"复习到晚上十二点"的状语。

(11) a. 为了考研究生,张三每天复习到凌晨两点。

　　 b. 张三为了考研究生(,)每天复习到凌晨两点。

如果只限于某种特定的语法形式来研究,就无法全面地认识某个语言的目的范畴系统。从这个角度看,从意义出发再到形式,将有助于揭示出汉语目的范畴各种不同的表达形式。

本书在从意义到形式,坚持意义和形式相结合的总研究路径

---

① 这是复杂句的狭义定义,还有一种广义定义是指"包含不止一个小句的句子"(Crystal,2008：95)。也就是说,广义定义还将通常被称为"复合句"的句子囊括在内,即由多个小句所构成的具有并列关系的句子。本书所说的复杂句均采用狭义定义。

下,还力求在研究中做好以下三个方面的工作:

一是描写与解释相结合。语法研究的目标是对语言现象做出科学的解释。描写和解释其实不是绝对分立的,某种条件下的一种解释到了更高的层次可能就是一种描写,可以说,二者是递相为用、交替上升的互动关系。没有精致而准确的描写就不可能做出系统而一致的解释,但描写本身又必然是在一定的理论框架下进行的,没有充分了解既有的解释也不可能挖掘出有深度的语言事实。我们不仅要对目的范畴的意义和形式做详尽的描写和细致的分析,找出相应的规律以及制约这些规律适用性的因素,还要积极地运用功能主义语言学的理论对其理据和动因等做出解释。

二是静态与动态相结合。这里说的"动态"有两层含义:一是历时动态,即注重语言历时发展中的变化。现代汉语只是整个汉语发展史上的一个横截面,当下的静态语言格局是历史演变沉淀的结果,所以共时状态下的很多现象如果不考察其源头和演化历程就无法得到清楚与合理的解释。二是交际动态,即注重语言交际过程中的变化。语言作为交际工具必须具有共时的静态性,但在具体的运用中又不可避免地受到语言外部因素的影响而出现种种变化。语法研究如果不考虑这些变化,就会脱离语言运用的实际。交际中出现的一些变化看似例外,与已有解释不一致,实则变化的条件仍有规律可循,有的可能是受到了目前尚未察觉的动因的影响。同时,各种动因(特别是经济性和明晰性)之间的竞争也是动态的,占优势地位的动因会因为交际需求的变化而改变。语言结构正是在动态竞争中不断地寻求相对的静态,从而保持活力、持续发展。

三是类型与个性相结合。许多在谱系和地理上毫不相干的语言,也可以在某些语法编码上表现出极高的相似性,这是因为人们的交际和认知能力都是相通的,具有普遍性。正如 Bickel(2007:240)所指出的:"语言结构趋向于它们本身以及其他人类学模式之间的系统性关联","语言结构的普遍性倾向和认知交际的普遍性倾向有着密切的关系"。但是,不同语言社团在具体的交际策略和认知方式的选取偏好上又有所差异,因此造就了人类语言的千差万别。只就一种语言来谈语法特点是不可行的,必须将汉语目的范畴置于跨语言的大背景下进行考察,才能揭示出哪些表现符合既有的语言类型,而哪些表现又有可能是汉语的个性。

1.4　研究概况

现代汉语目的范畴的各种语法形式中,最早被研究的是目的复句。黎锦熙(1992[1924]:211-212)将主从复句按照"从句方面的职能"分为六类,分别是时间句、原因句、假设句、范围句、让步句和比较句。他对"原因句"的定义如下:"凡表因果关系的复句,无论语气重在因或重在果,一律认表果的为主句,表因的为从句;也不论语气重在行为或重在目的,一律认表行为的为主句,表目的的为从句:这从句统叫原因句"(黎锦熙,1992[1924]:215)。可见,他说的原因从句是包含目的从句在内的,这样做是因为他认为"行为的目的就是动机,是动的原因"(黎锦熙,1992[1924]:215)。不过,直到38年之后,黎锦熙、刘世儒(1962:109)才正式使用"目的句"这个术语。

黎锦熙关于目的复句的看法对后来的研究者产生了很大的影响,主要表现在两个方面:

一是确立了行为小句和目的小句一主一从的地位。后来的学者虽然较多地以"偏正复句"这个术语来代替"主从复句",但两个小句间的主从或偏正关系没有改变。例如,朱德熙(1956:322)对目的复句的定义是:"正句提出一种行动,偏句说明采取这种行动的目的。"但问题是,黎锦熙(1992[1924])对这种主从关系的确立似乎是规定性的,并没有说明理由。因此,后来也有学者持相反的观点,例如,景士俊(1999)认为目的复句的结构中心是"目的";陈昌来(2000:292)对目的复句下定义时说:"目的复句是偏句表示一种动作行为,正句表示偏句采取某种动作行为所要达到的目的",不过他也没有给出这样处理的理由。上述两种相反的观点,正好表明单纯根据语义是无法区分主句和从句的。对此,我们认为应该以语法形式作为区分标准。汉语目的复句中,所有的目的标记都是加在目的小句上的,而带有目的标记的目的小句就失去了小句的自立性,是无法单独进入话语的,必须依赖行为小句才能进入话语。相反,行为小句不带目的标记,可以不带上目的小句而单独进入话语。因此,行为小句是主句,目的小句是从句。

　　二是将目的复句视为因果复句的子类。尽管黎锦熙、刘世儒(1962:109)"以语意为标准"将目的句和因果句区别对待,与黎锦熙(1992[1924])相比稍有变化,但这也只是在原因句内部的划分,在复句的分类上仍然是"只须从复句的语意辨认出来,不须划作两种句型,分标名目……用'因'统摄动机,就把目的包括在原因连词之内了"。后来,林裕文(1984:46)也认为目的复句"由一定的根据推论目的,特别跟说明原因或推论理由的句子相似",可以归入因果复句的类型。邢福义(1985,2001)则将目的句跟因果句,以及推断句、假设句、条件句等都放在一起,归入广义的因果复句中。不过,也有学者提出了不同的观点,例如,毕鸣(1989)认为虽然目的和原因在逻辑上有相通之处,但逻辑不是语法,逻辑关系也不能作为确定复句关系的唯一标准;景士俊(1999)也认为不能因为有些目的标记可兼表目的和原因,就把目的复句和因果复句混淆在一起。随着研究的深入,如今大多数学者都认为目的复句和因果复句"有一定的区别,并逐渐趋向于把两者分为两类,'目的复句'逐渐获得独立的地位"(王维贤等,1994:146)。我们认为,目的和因果在概念上联系密切,有一定相似性,这是学界的共识,但二者在语义上也有明显的差异(这一点将在第二章2.3节中详细论述),而且目的复句和因果复句所使用的关联标记也不同,因此应该看作两种独立的复句类型。虽然从历史上看,目的从句和原因从句"同根同源",但在现代汉语中二者"已经成为两个独立的、成熟的构式"(徐式婧,2019)。即使是先秦时期,目的复句和因果复句在结构上极为相似,也可以根据小句主语的异同、小句谓语的时间关系,以及主句谓语是否是描写

性的、是否是表好恶的心理动词,是否是意动词等标准来进行区分
(刘永耕,1995)。

这里还要提一下的是贾崇柏(1984)的观点,他认为不存在目的
复句,那些用所谓目的连词的分句之间,从逻辑关系来看,主要归入
条件复句,其次归入因果复句。但是,以怎样的标准来将目的复句
区分为条件关系或因果关系,他并没有交代,或许我们可以从他所
举的例子中看出一二。例如:

(12)请告诉我电话号码,以便联系。(条件关系)

(13)范学台特此把我考在这名次,以便"当堂发落"。(因果
关系)

(12)和(13)都以"以便"为目的标记,二者最大的区别在于(12)
的行为小句在说话时间是非现实的,而(13)的行为小句在说话时间
是现实的。① 条件复句中,条件小句和结果小句在说话时间都必须
是非现实的,如将(12)改写为条件复句(14),就是如此。但是,因果
复句中无论是原因小句还是结果小句,都没有现实性上的限制,
(13)可以改写为因果复句(15)和(16),前一小句分别是现实的和非
现实的。从这一点来看,单独将包含非现实行为小句的目的复句类
比为条件复句是没有意义的,因为这样做还需要把包含现实行为小
句的目的复句类比为因果复句,而实际上无论行为小句是现实的还
是非现实的,目的复句都可以类比为因果复句。

(14)只要/如果告诉我电话号码,就能联系。

(15)范学台特此把我考在这名次,因为要"当堂发落"。

(16)范学台打算把我考在这名次,因为要"当堂发落"。

与黎锦熙不同的是,吕叔湘(1982[1942、1944]:403-406)并不
只关注目的复句,而是从意义出发去考察表达目的关系的语法形
式,因此他注意到"打开窗透透空气"这样的连动句也是"白话里头"
"表达目的的方式"。可以说,吕叔湘(1982[1942、1944])初步构建

① 关于"现实"和"非现实",详见第二章 2.2.4 节。

了一个由带目的标记的复句和表目的关系的连动句所构成的目的表达形式系统,对目的范畴的研究具有开创之功,尽管在整部《中国文法要略》中,"目的"一节只占了不到 4 页的篇幅。进入 21 世纪之后,吕叔湘关于目的的观点愈发显现出其价值,在此基础上,王凤兰(2008b)、韩明珠(2016)等都对汉语目的范畴展开了全面的研究。此外,赵春利(2005)认为目的是一种语义范畴,并设计了一套"过滤"程序来筛选包含目的范畴的句子。

下面以研究对象为纲,从四个方面来简要梳理目的范畴语法形式的研究现状。

一是目的标记研究。

汉语目的从句在动词形式上没有区别于主句动词的降级表现,目的标记是唯一表明其身份的形式标志。同时,有些目的标记不仅适用于目的复句,也可以出现在单句中表目的关系,这是由于这些目的标记从介词衍生出连词功能且二者在现代汉语中共存的结果。不仅如此,不同历史阶段产生的目的标记也共存于现代汉语之中,由此造就了汉语目的标记丰富多样的局面。因此,目的标记无疑是研究得最为深入、成果也最为丰富的领域,既有对其进行共时句法—语义进行分析的,也有从历时角度考察其演变的。例如,段轶娜(2006),徐敏(2008),张成进、孔冬秀(2020)对"为了"的研究;邢福义(1985:65 - 67)、刘红妮(2008)对"以免"的研究;邢福义(1985:62 - 64)、王凤兰(2009a)对"以便"的研究;刘红妮(2009)对"以期"的研究;李晋霞(2005)对"好"的研究;张国宪、齐沪扬(1986),王凤兰(2008c)对"来"的研究;何文彬(2011)对"为的是"的研究;李小荣(1992)对"省得"的研究;姜雯(2019)对"免得"的研究;史金生(2006)、王凤兰(2007)、蔡淑美(2011)对"为……起见"的研究;王凤兰(2009c)、朱庆祥(2019)、李延波(2021)对"为……而……"的研究,等等。不同目的标记在用法上既有同的一面也有异的地方,对它们进行比较研究也是学界关注的课题,例如,曾艳(2000)、王永娜(2007)比较了"为了"和"以便";赵春利、金恩柱(2008),万莹、黄理兵(2012)比较了"为了"和"为着";吴江梅(2014)比较了"好"和"以";廖伟闻和林宗宏(Liao & Lin, 2019)比较了"好"和"来";王凤兰(2009b)、周红(2011)、裴蓓(2015)、于英娜(2015)比较了"省得""免得""以免"。此外,宋青(2012：233－242)考察了1750—1950年间北京话目的连词的历时嬗变,顾红蕾(2018)讨论了"以免""免得""为的是""是为了"的演变历程和动因。我们不打算在这里花很长的篇幅来一一介绍上述文献中的观点,因为凡是与本书的研究论题直接相关的观点,都会在相应的章节中出现。

二是目的复句语序研究。

这方面的研究比较少。汉语目的复句内部的主句和目的从句在语序上孰先孰后,并不完全符合语言类型学所预测的语序关联那样——VO型语言的目的从句后置于主句,也有目的从句前置于主句的情况。张家太(1981)较早地指出"为了"引导的目的从句前置是常式,后置是变式,后置时是"由于修辞的需要,说话人强调力争达到目的而采取的行为或手段",这与只能后置的目的从句(由"以便""免得""为的是"等引导)是不同的,后者"突出强调的是将实现或正在实现的目的"。但问题是,他并没有证明为什么都是将目的从句后置的语序,有时候突出的是行为,有时候突出的又是目的。后来的研究者们主要是从信息结构、篇章功能等语用因素上寻求对语序的解释。尹洪波(2011,2017)认为,目的从句以后置语序为主,是因为它通常提供新信息,所以位于焦点的位置,在篇章中起到"承上"的作用;而前置目的从句则具有较强的话题性,在篇章中起到"启下"的作用。与此不同的是,张磊(2011)指出,"为了"目的从句的常规语序是前置,后置时是为了特定的表达效果,主要是对前面小句的补充说明或解释重申;而且无论"为了"目的从句前置还是后置,都既可以是预设也可以是焦点,也就是说后置语序和新信息之间不存在必然的联系。刘海莉(2011)认为,只能后置的目的从句体现的是语序的内在规定性,符合事理逻辑、信息结构和时间顺序象似性的要求,而既能前置也能后置的目的从句则体现了语序的灵活性,主要是由语用因素导致的,包括突出目的、具有较强的主观评议性等。

三是目的连动句研究。

自吕叔湘(1982[1942、1944])提及目的连动句后,在很长一段时间内都鲜有学者对此进行关注。特别是 21 世纪之前,只有少数学者的零星研究。比较有代表性的是李临定(1986：127 - 128),他将目的连动句分为"动₁表目的"和"动₂表目的"两类,所举的例子分别如(17—19)和(20)所示。对比吕叔湘(1982[1942、1944]：406)举的例子"打开窗透透空气"等来看,可知吕叔湘(1982[1942、1944]：406)所说的目的连动句只有"动₁表目的"的情况。李临定(1986：127)之所以认为(17—19)是"动₁表目的",是因为它们"可以放入框架'为了＿＿＿'",例如(17)可以改写为"他为了学习忘了休息"。我们认为,判断一个连动句是否表达了目的关系,不能光看它能否变换为"为了"句,而是要看它是否同时具备目的范畴的语义特征(详见第二章2.2 节)。目的事件都是非现实的,但(17—19)的动₁都不具备非现实特征,以(18)为例,听话人对此的默认理解是"给骡子治病"的事件昨天已经发生,也就是现实的,但变换为"昨个人家为了给骡子治病跑了好几十里地,一夜没睡"之后,语义已经发生了细微的变化——由现实变为非现实,听话人无法就这个句子来判断"给骡子治病"是否已经发生,也可能是"跑了好几十里地,兽医却不在"。同时,(17)和(19)中的动₁和动₂还不具备"行为—目的"关系的特征：(17)中的"忘了休息"并不是"他"为了"学习"的目的而有意图地采取的行为,而是"学习"所引发的结果。(19)中的"差一点摔下沟去"也不是用来实现"救这孩子"这一目的的行为,而是"救这孩子"所引发的结果;相反,将(19)改为具有"行为—目的"关系的"他救这孩子跳到沟里去"反而是不合格的,只能说成动₂表目的的"他跳到沟里去救这孩子"才行。因此,(17—19)都不是目的范畴的语法形式。

(17) 他学习忘了休息。

(18) 昨个人家给骡子治病跑了好几十里地,一夜没睡。

（19）他救这孩子差一点摔下沟去。

（20）请安静点，明天我还要早起念书呢。

近些年，学界对目的连动句的关注增加了不少。刘辉（2009）专门讨论了"张三买了一本书看"这类同宾结构，认为后一个 VP 实质上就是目的从句，他说："凡是表达目的且不是动词论元的从句结构都可以看作目的状语从句。"彭国珍（2010）论证了同宾结构是"真正的连动结构"，并指出其在句法特征和层次关系上更类似于动结式。田启林、单伟龙（2015）则指出了刘辉（2009）论据的不确定性，并用能否对目的成分提问、能否补出连词、能否使用完成体等句法证据证明了同宾结构是连动句的一种。熊仲儒（2015：182－223，336）专门为目的连动句设置了一个功能范畴——目的范畴，它可以有语音实现（如"来""去"），也可以没有语音实现。主要的句法证据是（21a）（22a）中的"来""去"是可有可无的，但将它们改写为"把字句"，就必须加上"来""去"，如（21b—c）（22b—c）所示。赵旭（2020）将目的连动句区分为两类：只共享主语的（如"他打开窗户透透气"）和共享主宾语的（如"他买饭吃"），并指出这两种目的连动句在前项动词能否重叠以及用"怎么"指代，后项动词能否带完成体标记和接受"没"的否定等方面存在显著差别。任龙波（2021）根据体相事件框架将目的连动句分为十三种类型。此外，廖伟闻和林宗宏（Liao & Lin，2019）还讨论了目的连动句的句法生成机制，认为其中表目的的 VP 应该分析为动词移位之后滞留在右侧边缘的左附加语。

（21）a. 张三劝李四（去）买书。

　　　b. 张三把李四劝去买书。

　　　c. *张三把李四劝买书。

（22）a. 张三买本书（来）看。

　　　b. 张三把书买来看。

　　　c. *张三把书买看。

四是动宾目的式研究。

动宾目的式是富有汉语特色的一种目的范畴语法形式，它的存在与汉语宾语对不同语义类型的成分具有高度容纳性密切相关。目的宾语很容易和原因宾语、结果宾语等相混淆,因此如何界定目的宾语,使其区别于其他语义类型的宾语,是学界关注的话题。孟庆海(1987)提出了区分目的宾语和原因宾语的一些标准:目的宾语一般表示未然或某种企望的食物;与之搭配的动词一般是动作动词且动词的方向性不明确;句中的主语有主动性质,为了达到某一目的而发出行为。原因宾语一般表示已然或客观存在的事物;与之搭配动词除心理动词外,只有少数没有方向性的行为动词;句中的主语有被动的性质,主语的行为是由原因宾语引发的。陈昌来(2003:281-285)认为动宾目的式要至少符合两个条件:一是动词不能带受事等典型宾语,二是动词跟目的关系密切。左双菊、杜美臻(2015)认为以往采用“为 O 而 V”格式来界定目的宾语的单一标准存在不少问题,因此提出了复合鉴定模式,并据此构建了目的宾语典型性的序列。与其他学者主要关注宾语不同,叶川(2005)对可以带目的宾语的动词做了细致的描写,发现它们一定是自主动词,且施事者具有强烈的主观能动性,此外还深入分析了动宾目的式中的隐含问题,例如“催房子”就隐含了“催”的对象(可以是某个人)和直接支配“房子”的动词(如“要”“交”等)。以往的研究很少涉及目的宾语的生成机制问题,吉益民(2016)运用生成词库理论,认为动宾目的式的产生是事件压制的结果。

　　近年来,目的范畴的研究还呈现出两个新的发展趋势:一是由普通话向方言、少数民族语和汉外对比等领域扩展。例如,王小梅(Wang,2008)对台湾闽南话目的小句的研究,王文豪(2020)对海外华语中目的连词“俾”的研究,范丽君(2016)对藏缅语目的复句的研究,朴爱华(2009)、尹悦(2010)对汉语和韩语目的复句的对比研究。二是由本体研究向国际中文教育扩展。例如,许言(1999)、金雅(2013)、吴杰(2018)对目的标记教学的研究,李振雨(2019)对英美留学生汉语目的复句偏误的分析。

　　总的来说,自黎锦熙(1992[1924])开始研究目的复句至今的近

100年时间里,汉语学界对目的范畴的认识在不断地深入,也取得了一定的成绩。从只研究目的复句到目的范畴的提出,从单纯对语言现象的描写到积极地寻求理论解释,这些变化的背后都凝聚着一代又一代汉语学者孜孜不倦的努力和探索。当然,当前的研究也在不同程度上存在着不足,有些结论值得商榷,有些重要的现象没有被注意到,还有进一步发展的空间。例如,大多数研究系统性不强,没有将相关现象的内在联系呈现出来;对目的的本质还没有清楚而深刻的认识,没有真正建构起目的范畴;一些纯语义的分类过于琐细而且明显带有研究者的个人意志,缺乏与形式的对应,也没有确立严格的判定标准;对汉语目的范畴类型和个性的挖掘还不够,有的研究囿于国外的理论,而没有切合汉语的实际。

1.5　研　究　内　容

本书将在既有研究的基础上,就一些争议颇多的传统问题提出自己的新见解,同时也对前人甚少论及的一些问题展开研究。全书共八章,除第一章绪论和第八章结语之外,其他六章着重讨论五个问题,涉及的主要内容如下:

第二章和第三章讨论目的范畴的建构。目前对于目的范畴的研究,还主要是从其语法形式入手的,而语义方面则是将其分为积极目的和消极目的,对于什么是语言学意义上的"目的"并没有予以回答。要开展目的范畴的研究,首要任务就是要先建构好目的范畴。本书第二章将讨论目的范畴赖以建立的认知经验基础以及目的范畴的语义特征,并以此划定目的范畴的界限,使其和原因范畴相区别。第三章将以这些语义特征为标准,归纳出现代汉语中用来表达目的范畴的语法形式,并对它们之间的关系进行分析。

第四章讨论目的标记的语源模式。尽管已经有不少关于目的标记语法化的研究成果问世,但主要是对具体某个目的标记的演变进行描写和分析,而缺乏系统性的研究。本书将主要立足于语义演变,全面考察现代汉语常用目的标记的语源概念,以及从没有目的义到获得目的义的演变路径,并结合跨语言的材料进行对比,发掘出汉语目的标记形成过程中的类型与个性。

第五章讨论目的从句的语序模式。现代汉语中目的从句以后置于主句的语序为主,这也符合 VO 型语言中目的从句的语序类型。但是,也有一些目的从句通常是前置于主句的。在以往的研究中,学者们虽然已经从认知语法、信息结构、篇章功能和类型学等多个角度对此进行了解释,但仍然存在着不少问题。本书将从目的关系的心理表征入手,为解释目的从句的语序模式提供一种新的视角。

第六章讨论目的从句主语的隐现。目的从句的主语有时候可以出现,有时候又可以根据特定的语境而隐去。但有些目的从句中的主语又是强制隐去的。影响或制约目的小句主语隐现的因素是什么? 尽管主语省略现象并不是新话题,但以往研究中却几乎没有专门讨论目的从句主语隐现的。本书将从句法和语用的角度揭示出目的小句主语隐现背后的制约因素。

第七章讨论动宾目的式的构造。现代汉语可以用动宾结构来表达目的关系,前人大多认为它们源于"为 NP(而)V"结构,但这种观点无法解释为什么"张三考上了公务员"无法还原为"*张三为公务员而考了"。本书将证明动宾目的式是连动式进行概念整合的结果,并从交际策略和认知转喻等方面说明不同事件类型的连动句在整合过程中会有不同的表现,进而影响动宾目的式的构造。

1.6　语　料　来　源

功能学派的语法学者主张广泛采集现实的语料,尤其是从日常语言中寻找语料,在对丰富的语料进行统计和分析的基础上,归纳出语法现象的规律。本研究也建立在大量实际语篇语料的基础上,语料来源主要有以下几个:

北京大学中国语言学研究中心(CCL)语料库。字符数: 783 463 175,

其中现代汉语语料 581 794 456,古代汉语语料 201 668 719。网址:
http://ccl.pku.edu.cn:8080/ccl_corpus/。

北京语言大学语料库中心(BCC)汉语语料库。总字数约 95 亿
字,包括:报刊(20 亿)、文学(30 亿)、综合(19 亿)、古汉语(20 亿)和
对话(6 亿,来自微博和影视字幕)等多领域语料。网址:http://
bcc.blcu.edu.cn/。

从文学作品、网络以及日常会话中搜集的语料,作为对语料库
的补充。

语法研究著作或论文中的例句,主要是一些非汉语的语料,引
用时均在书中注明出处。

内省语料。在运用语料库语料的同时,我们也重视内省语料,
毕竟无论多大规模的语料库都无法涵盖人们所能说出的全部话语。
作为以汉语为母语的语言使用者,我们具备对句子合格与否的良好
判断能力。而且,即使是来自语料库的语料,研究者同样需要对其
合格性加以判断。

第二章　目的范畴的建构(上)：认知和语义

　　语法范畴总是要以一定的语法形式来表达,但语法范畴并不是对语法形式的概括,而是对语法形式所表达的语法意义的概括。任何语法意义都根植于人类在认知世界过程中的经验模式。目的也是人类基于生活经验组织起来的一种抽象意义,表现的是目的和行为之间的关系。我们将首先讨论目的关系的认知经验基础,说明目的意象图式是如何形成和起作用的,这是目的范畴赖以建构的前提。在此基础上,进一步概括目的范畴的本质特征,并讨论目的范畴和因果范畴之间的差异,从而在语义上划定目的范畴的边界。最后,从语义出发寻找表达目的范畴的语法形式,将形式和意义对应起来。本书将分两章来建构语法学意义上的目的范畴,为后续的研究奠定基础,第二章的内容是目的范畴的认知基础和语义特征,第三章的内容是关于目的范畴的语法形式。

2.1　目的意象图式

　　要研究目的范畴的意义,就得先考察其意象图式(image schema)。这是因为意象图式是基于人类与客观世界的互动体验而获得的认知模式,是意义形成的基础,以此为起点可以更好地分析目的范畴不同于其他范畴的语义特征。

　　基于日常的经验,人们会形成各种意象,但除去具体意象各自不同的表征之后,可以得到一种抽象的意象。例如,咖啡杯、饭碗、玻璃瓶、水桶等是具体的意象,它们可以抽象为一种"容器"意象。在认知语言学中,将各种各样的具体意象抽象化从而得到更高层次知识的过程被称为图式化,而作为图式化结果的抽象意象则被称为意象图式。Johnson(1987：xix)指出:"人类的身体运动、对物体的操纵和感知互动都包含反复出现的样式,如果没有这些样式,我们的经验将变得一团糟且不可理解。我们把这些样式称为'意象图式',因为它们主要充当意象的抽象结构。"可以说,意象图式既是感知经验在心智中的表征,同时又具有高度的抽象性。

意象图式"直接来源于人们身体经验",因而"最有可能是全人类共享的"(Ungerer 和 Schmid,2006：109,119),并且在人类认知中具有重要作用,不仅有助于我们理解对象的一般特征,还可以通过隐喻扩展到对其他事物的理解上,为人类进行理解和推理提供依据。例如,我们常说的"进入了我的视野""脑袋空空""满脸疑惑"等就是将"视野""脑袋"和"脸"等作为容器意象来认知的。正是各种各样的意象图式交织在一起,才构成了我们丰富的概念结构和知识体系。意象图式体现的是感知互动及感觉运动中的经验与结构,可以表达事物之间的空间关系或运动关系,并将空间结构映射到概念结构中,用来组织人类的抽象概念。例如,(1)中两个句子看似无关,(1a)表示动态的事件,(1b)表示静态的状态,但实际上它们具有一些共同之处,即都有一个源点,并沿着某个路径达到终点。我们可以将其抽象为"源点—路径—终点"的模式,这就是一个意象图式,通常命名为"路径意象图式"。这样,所有遵循这一抽象模式的人类具体经验就都能联系起来了。

(1) a. I will fly from Beijing to Shanghai.

　　　(我将从北京飞到上海。)

　　b. The highway links Beijing and Shanghai.

　　(高速公路连接着北京和上海。)

当然,人们在对世界进行观察和体验的过程中,如果选择了不同的视点或侧面,会造成不同的意象图式。比如,当观察者的注意力集中于台球桌上一个滚动着的台球时,他利用的是动态的意象图式,即运动路径;如果将注意力集中在这个台球最后掉入的球袋,利用的就是静态的意象图式,即路径终点。这在一词多义的研究中应用得最为普遍。例如,Taylor(2003:113 - 116)将英语介词 over 的意义归结为四类意象图式,具体如下:

(2) a. 射体在界标①上方,相对于界标发生运动(接触或不接触,直线或弧线)

The balloon is flying over the house.

(气球正从房子上空飞过。)

b. 射体在界标上方,对界标覆盖(局部或全部)

The city clouded over.

(城市上空布满了乌云。)

c. 射体静态地居于界标上方(接触或不接触)

The picture is over the table.

(照片在桌子上方。)

d. 射体在界标上方发生运动的路径终点

John lives over the hill.

(约翰住在山那边。)

上述四个意象图式的共同点是射体在界标上方,但在人们利用意象图式进行概念化的过程中,又有视点上的变化。特别是(2d)中的意象图式,抽象化程度更高,因为句中并没有表达出射体 John 发生了运动,而是观察者想象射体走过的路径(翻越那座山)之后,再把注意力集中在其停止的地方。

目的概念也直接来源于人们的日常经验,是人们与世界的互动过程中反复出现的一种意象图式。在以往的研究中,很少见到有学者明确地将目的作为一种意象图式来讨论。比如,Johnson(1987:

---

① 某个特定认知域内的结构,根据其凸显的不同,分为起背景要素作用的基体和凸显度高的侧面。对于侧面而言,在表示某事物与其他事物之间的关系时,即使双方都用特定的语言表达来直接指示,它们之间仍然存在着凸显度的不同。其中,最为凸显的部分称为射体(trajector),次要凸显的部分称为界标(landmark)。例如 John kicked the ball(约翰踢了球)这个句子中,John 是射体,the ball 是界标。射体和界标之间的区别,实际上是图形—背景区分(figure-ground distinction)这一基本认知能力的语言体现。

126)列出了最重要的 27 个意象图式①,其中并没有目的。不过,在 Leonard Talmy 的论著中,我们发现他间接地论述了目的意象图式,这也是本书建构目的范畴的理论基础。

Talmy(1976,2000a：471 - 549)对语言表征中广泛存在的因果关系的语义进行了界定,他从十个不同的角度来阐释不同的因果关系,其中一个角度是"根据对结果的知晓程度的差异"将因果关系分类为两类：施事者因果关系(agent causation)和"目的"情景("purpose" situation),分别如(3a)和(3b)所示。

(3) a. I killed the snail by hitting it with my hand.

　　(我通过用手击打蜗牛的方式杀死了它。)

　　b. I hit the snail with my hand in order to kill it.

　　(我用手击打蜗牛,是为了杀死它。)

这两个句子中,"用手击打蜗牛"都是施事者"我"的意志行为,并且引发"杀死蜗牛"的事件。两者在语义内容上唯一的差异是(3a)对"杀死蜗牛"这一结果做了肯定的描述,而(3b)并未表明"击打是否导致了蜗牛被杀死"。

Talmy(1976,2000a：471 - 549)认为,基本的因果情景包括三个主要组成部分：一个简单事件(受因事件或结果事件),直接导致该事件的另一个简单事件(使因事件),以及这二者间的因果关系。对于这个"因果关系",Talmy 是从"力"(force)的角度来阐释的。要使两个事件之间存在因果关系,使因事件和受因事件之间必须存在力的作用关系,这涉及接触时施加瞬间的力或施加持续的力,如(4a)是瞬间接触的力,而(4b)是持续的力。相反,若是两个事件之间没有施力的情况,那么就不存在因果关系,如(4c)所示,球从空中穿过,没有与天线发生接触并对其施力,就不可能引发天线倒下的结果。

---

① 这 27 个意象图式分别是：容器、平衡、强迫、阻塞、反作用力、去除约束、成为可能、吸引、不可数一可数、路径、连接、中心一边缘、循环、近一远、等级、部分一整体、合并、分裂、满一空、匹配、添加、重复、接触、过程、表面、对象、集合。

(4) a. The aerial plummeted through the air as a result of a ball's sailing into it.

（天线从空中倒下是由于一个球撞在了它上面。）

b. The aerial (eventually) toppled off the roof as a result of a branch pressing on it.

（天线〔最终〕从屋顶倒下是由于一根树枝压着它。）

c. * The aerial plummeted through the air as a result of a ball's sailing through the air.

（*天线从空中倒下是由于一个球从空中穿过。）

后来,Talmy(1988,2000a:409-470)进一步发展了关于"力"的学说,将力分为物理力、心理力和社会力等三类,并将力对物体产生影响(比如力的施加、对力的阻挡、克服阻力、消除力的阻碍物等)后所形成的意象图式概括为"力动态"(force dynamics)。除了和因果关系表达相关的连词和致使动词外,力动态意象图式还在语言的不同层面发挥着构建作用。Talmy(1988)就提到了力动态在情态动词语义域中的识解问题。像(5a)中 may 这样的情态动词,将道义情态识解为允许致使行为发生或者抗力缺席;而像(5b)中 must 这样的情态动词,则将道义情态识解为施加驱动力。Croft(1998)还指出,力动态对主语、宾语和旁语论元的编码和连接起支配作用,例如(6a)中之所以选用介词 for,是因为 Mary 是力动态的终点,是烘焙事件的受益者;而在(6b)中,之所以选用介词 with,是因为叉子作用于鸡蛋,是力动态链条中的中间参与者。此外,不同动词以及不同语态形式的选择,也都是对事件的力动态结构的不同概念化。例如(7)中,(7a)是及物句,将事件识解为由外力引起的,而(7b)是不及物句,将事件识解为自发性的。当没有明显的外部力量作用时,或者是当说话人希望听话人这样来识解事件时,就会使用不及物句。

(5) a. You may leave.

（你可以离开。）

　　b. You must leave.

　　（你必须离开。）

（6）a. I baked brownies for Mary.

　　（我给玛丽烤了布朗尼蛋糕。）

　　b. I beat the eggs with a fork.

　　（我用叉子敲鸡蛋。）

（7）a. 张三打破了花瓶。

　　b. 花瓶打破了。

　　既然在 Talmy 的理论体系中,目的情景是因果关系的一个子类,而因果关系又是由力动态意象图式构建的,那么就可以推出目的情景背后的认知经验基础也是力动态意象图式。以(3b)为例,这个目的情景也包括使因事件、受因事件,以及二者间的因果关系这三个组成部分。"我用手击打蜗牛"是使因事件,"杀死蜗牛"是受因事件,击打蜗牛时施加的力是使这两个事件构成因果关系的前提。更准确地说,因果关系中,力的作用体现为力从一方传递到另一方,并对另一方造成影响。(3b)中"击打"的力从"我"传递到"蜗牛",从而导致"蜗牛死亡"的结果。不过,目的情景中,力的施加并不都像(3b)中那样在使因事件中表达,也可以在受因事件中表达,如(8)所示,受因事件中动作"送给"所施加的力才是构成因果关系的关键,相反,使因事件中的动作"买"所施加的力无法实现从"张三"到"儿子"的传递,也就无法构成因果关系。

　　（8）张三买了一辆自行车,是为了把它作为生日礼物送给儿子。

　　有时候,力的施加可以既不在使因事件中表达,也不在受因事件中表达,这样的句子必须依赖特定的语境才能理解。例如：

　　（9）张三给自己做了米饭,以便儿子吃烙饼。

　　这个句子看起来可能有点奇怪。不过,我们可以设想这样一个场景：张三和儿子都喜欢吃烙饼,但家中的烙饼不够两个人吃,于是张三自己做米饭吃,把烙饼留给儿子吃。只要听话人已经知晓这些背景信息,那就很容易理解(9)中的目的情景。也就是说,(9)中省略了对"留给儿子"这个力的表达,但它是确实存在的,正是这个力从"张三"传递到"儿子",使两个事件之间具有了因果关系。

目的关系的建构,一定要有力的作用,简单地说,就是通过力的传递,来使事件发生符合人们预期的变化。这是在人类与世界的互动过程中形成的一种经验模式,早在婴儿时期,人们就会通过发出声音、扔东西、拉扯衣服等行为来达到自己的目的(比如进食、换尿布等)。我们承认目的关系从根本上来说属于力动态意象图式,但也注意到它有自身的一些特征,不同于一般的力动态意象图式,或者说是与典型的因果关系意象图式有所不同。因果关系中,"如果使因事件不发生,受因事件就不会发生"(Talmy,1976,2000a:495),也就是说,使因事件和受因事件之间有时间顺序上的先后关系。然而,目的关系并非如此。还是以(3b)为例,诚然,在物理世界中,只有"用手击打蜗牛"先发生,"杀死蜗牛"才会发生,而不可能存在相反的顺序。但是,结合心理世界来看,正是心理上先有了"杀死蜗牛"这一想法或念头,才会引发施动者"我"在物理上实施"用手击打蜗牛"的行为。这样看来,"杀死蜗牛"就成了使因事件,而"用手击打蜗牛"则成了受因事件。为了避免术语使用时可能出现的混乱,从现在开始,本书在讨论目的情景时,不再使用"使因事件"和"受因事件"这两个术语,而是将目的情景中的两个事件分别命名为"行为事件"和"目的事件"。目的事件作为心理世界中的一种想法,是先于行为事件出现的,但它在物理世界中的实现则要后于行为事件。

力动态意象图式涉及两个事件之间力的传递,具有作用和被作用的关系,即一个事件引起或导致另一个事件的发生。作为力动态意象图式的一个子类,目的意象图式也是如此,不过,由于该图式将人类的心理世界和现实世界组织在了一起,其中力的传递分为两个阶段进行:(Ⅰ)目的事件在心理上对施动者施力,驱使施动者在物理上实施行为事件;(Ⅱ)行为事件在物理上对目的事件的主体施力,使目的事件有可能在物理世界中实现。请注意这里的"有可能"，因为行为事件所施加的力不一定导致与目的事件相一致的结果。例如，(10)中第三个小句就表明第二个小句中的目的在客观世界中并没有实现。

(10) 我用手击打蜗牛，是为了杀死它，但是它并没有死。

2.2　目的范畴的语义特征

目的范畴的语义特征十分丰富，可以说至今尚未将其全貌挖掘出来。有时候，只是将一个合格的目的小句中的目的标记换成了另一个，这个句子就不能成立了。例如：

(11) a. 他在媒体上发声，以便发动社会各界关注此事。

　　　b. 他在媒体上发声，好发动社会各界关注此事。

　　　c. 他在媒体上发声，以便此事引起社会的广泛关注。

　　　d. *他在媒体上发声，好此事引起社会的广泛关注。

(11a)中目的小句的主语和行为小句的主语同指，都是"他"，目的小句的主语承前省略，将目的标记"以便"替换成"好"之后，句子依然成立，如(11b)所示。相反，当目的小句的主语和行为小句的主语不同指时，如(11c)中行为小句的主语是"他"，目的小句的主语是"此事"，就不能将"以便"替换成"好"，否则句子不合格，如(11d)所示。这表明"好"的语义特征之一是目的小句的主语要和行为小句的主语同指，而"以便"没有这样的语义特征。

本节并不是准备将目的范畴的各种语义特征都描写清楚，也不是分析某个具体的目的标记的语义特征，而是根据目的范畴的认知经验基础——力动态意象图式——来分析目的情景的语义特征，揭示其本质和内涵，将目的范畴区别于其他语义范畴的根本性语义特征提炼出来，以此作为目的范畴建构的语义基础。

2.2.1　意图性

意图性(或称意向性)是根据目的事件在心理上对施动者施力而概括出来的语义特征，它是目的意象图式的起点，为行为事件指定了方向,如果没有这个力的作用,施动者就不可能在物理上实施行为事件,那么整个目的情景也就不可能出现了。正如亚里士多德(2016:164)所言:"一切动物都为了某种目的而运动或被推动。""推动动物的东西……可以归结为思想和愿望。……意图共同属于思想和愿望。"

不过,意图和目的这两个概念并不等同,这一点我们将在 2.2.2 节中进一步说明,但在日常的言语表达中,说话人对它们往往是不加区分的。例如,我们既可以说"他这么做的目的是让大家给他投票",也可以说"他这么做的意图是让大家给他投票","目的"和"意图"这两个词可以互相替换,并不影响句义的表达。意图性通常以目的标记来表达,如(12)中的"是为了",表明了其后的"明天在火车上吃"是其前面行为"买了袋苹果"实施的意图所在。

(12)我买了袋苹果,是为了明天在火车上吃。

需要注意的是,目的标记能表达意图,但意图并不都是由目的标记来表达的,即使删去(12)中的"是为了",听话人依然可以根据两个事件之间的事理关系推断出后一事件是前一事件的意图。只不过用了"是为了"之后,这种意图性就更为明确了。又如(13),句中也没有目的标记,但"给"所引介的对象通常是行为的受益者,因此听话人也可以推断出句中"我"的意图是"(让)你喝茶"。

(13)我沏了一杯茶给你喝。

(12)和(13)两例的主语都是第一人称,说话人和行为的施动者是相同的,因此句中主语的意图性是很明显的。如果句子的主语是第三人称,那么意图的力只作用于行为的施动者(即主语),而与说话人无关。例如:

(14)小王刻苦地学习,是为了考上名牌大学。

(14)中的意图性是就"小王"来说的,后一小句中的"考上名牌大学"是"小王"实施"刻苦地学习"这一行为的意图。说话人只是(15)中目的情景的报道者或描述者,并不参与其中。

(12)中的"我"和(14)中的"小王",既是意图发出者也是行为施动者。但有些句子中,意图发出者和行为施动者并不是同一的而是分离的。例如：

(15) 你去沏一杯茶来给我喝。

(15)是一个祈使句(或命令句),"去沏一杯茶"这一行为的施动者"你"是依照说话人的要求或命令来实施这个行为的。因此,句中的意图是就命令发出者来说的,而不是行为的施动者。虽然施动者实施了这一行为,但这并非出于他的意图。表意图的"给我喝"表明,这个句子的说话人和意图发出者是同一的。还有的句子中,说话人、意图发出者和行为的施动者三者是相互分离的。例如：

(16) 张三叫李四去请王五帮忙。

(16)中意图发出者是"张三",行为施动者是"李四","王五"则是"张三"的意图中的事件主体。说话人在句中并没有出现,可以是实际话语表达中任何一个说出这句话的人。

由于意图性隐含于目的情景之中,可以不用显性的标记来表达,因此有些句子单独拿出来是无法判断其中是否含有意图性的,尤其是那些以第三人称做主语且没有目的标记的句子。例如：

(17) 他打开窗户睡觉。

如果没有上下文,单就(17)而言,可以有两种理解：一种是将"在开窗的环境中睡觉"理解为主语"他"的意图,那么"睡觉"就是"打开窗户"这个行为的目的,这个句子就表达了目的语义关系。另一种是该句没有表达出主语"他"的某种意图。句子陈述的是"他"先后实施了"打开窗户"和"睡觉"两个行为的事实。这两个行为之间除了时间关系以外,没有其他的语义关系。可见,在没有目的标记的情况下,判断一个句子有无意图性,在很大程度上依赖于语境提供的信息以及人们的百科知识。

对(17)的分析表明,有没有意图性是决定一个句子是否能划入目的范畴的一个根本因素,因此,意图性是目的范畴建构的第一个语义特征,也是最根本的语义特征。实际上,这一点早已成为国际语言学界的共识。例如,Bach(1982：39)在研究英语的目的小句时指出"很明

显,这些句子①中所含有的意图性是至关重要的"。Diessel(2001:
443)从类型学的角度考察了复杂句中的目的小句,也指出"目的小句
表明了主句所表达的行为的意图或目标"。Hetterle(2015:51)对跨
语言中的状语小句做了系统、全面的研究,其中对目的小句的定义是
"一个动词情景的实施,带有使另一个动词情景得以实现的意图"。②

　　正因为意图性是目的范畴的一个本质属性,所以行为—目的
关系与意愿动词带补足语的关系在语义上非常相似,这两种情况
中,特定参与者都具有实现某个情景的意愿。有些语言使用相同
的形态成分来标记意愿内容和目的,无论它们表现为补足语从句
还是目的从句。澳大利亚的许多土著语言都是这样,以古古伊米迪
尔语(Guugu Yimidhirr)为例,意愿动词的补足语小句(18a)和目的从
句(18b)的谓语动词 buda(吃)后面都要带目的义后缀-nhu。

　　(18) a. Ngayu　　　　　　　　wawu-dhirr
　　　　　第一人称单数.主格　　　想要-补足语从句标记.通格
　　　　　mayi　　　　　　　　　　buda-nhu.
　　　　　食物.通格　　　　　　　吃-目的
　　　　　我想要吃食物。

　　　　b. Nyulu　　　　　　　yugu　　　　baawa-y
　　　　　第三人称单数.主格　火.通格　　点燃-过去时
　　　　　nyundu　　　　　　　mayi　　　　buda-nhu.
　　　　　第二人称单数.主格　食物.通格　吃-目的
　　　　　她生起了火,以便你吃食物。(Haviland, 1979:135)

2.2.2　"行为—目的"关系

　　赵春利(2005)将"想+单句谓语 VP"也视为包含有目的范畴的
句子,例如"他想回家",他认为这个句子"属于一种意向,其内涵包
含了一种行为和动作'回家'的可能性"。这一看法的出发点也是将

---

① 指以目的小句为从句的复杂句。
② 准确地说,Hetterle(2015:51)定义的是目的复杂句,而不只是目的小句。

意图性视为目的范畴的根本语义特征,心理动词"想"正是表达了存在于人们心理之中的意图。然而,我们必须明确的是意图并不等同于目的,尽管目的范畴都必须有意图性,但是有意图性却不一定能建构起目的范畴。

根据《现代汉语词典》(第7版)中的词义解释,"目的"是"想要得到的结果",而"意图"是"希望达到某种目的的想法"(中国社会科学院语言研究所词典编辑室,2016:928,1556)。当人们想要得到某种结果时,主观上必定先预设了某种行为的实施,这种行为是实现目的的活动或操作方式。因为结果是相对于导致其出现的行为事件而言的,在很大程度上是行为的产物,所以不能独立于相应的行为而存在。用来定义"目的"的"结果"不是现实世界中已经实现的结果,而是心理上所预期的行为事件的结果,是"对现实发展的一种主动的超前反映,是对未来结果的一种自觉的预见"(夏甄陶,1982:456),因此必须要以行为事件在心理上的实施作为其出现的先决条件。例如:

(19)她特地买了今晚的车票,以便早一点到家。

(19)中,预期结果"早一点到家"的出现是以施事在心理上对"买今晚的车票"的行为进行能动地演绎和发挥为前提的。如果缺少行为事件在心理上的存在,要设定这样一个预期结果是根本不可能的。也就是说,目的的提出和设定,必须建立在心理上预计行为具有实现的可能性的基础上。

相反,当人们怀有某种意图时,主观上并不一定会继续设想去实施某种行为。也就是说,意图是刺激行为实施的心理诱因,但不是决定性的因素。请比较以下两例:

(20)a. 她很想回家,都等不了明天,今晚就坐车回家了。

　　 b. 她很想回家,但是由于疫情的影响,今年又不能回家过
　　　　年了。

(20a)中的"回家"是一种意图,并且该意图刺激了行为"坐车"的实施。(20b)中的"回家"也是一种意图,但后续句的内容表明,由

于有其他因素的制约,该意图并没有刺激相应行为的实施。可见,意图只是行为的必要条件,而非充分条件。在目的意象图式中,光有意图,却没有对行为产生力的作用,那就无法构成目的情景。这也是"想＋单句谓语 VP"不能归入目的范畴表达形式的原因,这类结构中只有意图,并没有实现该意图的行为或手段。

意图、行为和预期结果三者之间的关系可以表现为下图:

(21)

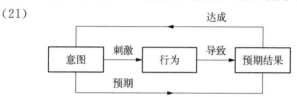

意图是一种心理诱因,会刺激行为的发生,并预期行为所导致的结果,这种预期结果就是目的。当行为发生之后,其导致的实际结果如果与预期结果相一致的话,就表明目的已经达成。如果二者不一致的话,就表明目的没有达成。① 至此,我们可以对目的关系下一个比较明确的定义:目的关系是由施动者有意图地实施某种行为并引发与意图相应的预期结果的过程。

区分清楚了"意图"和"目的"这两个概念,我们就可以明确,意图可以独立于行为而存在,但目的必须依赖于一定的行为,不能脱离行为而出现,即使只是存在于意识中的行为。是否与行为事件有必然的联系,是判别目的和意图的最重要的标准。目的依赖于行为而存在,而行为又是受意图的刺激而发生的,同时就具体的目的情景而言,意图和预期结果所指的内容通常都是一致的,所以在概念义上,目的蕴含着意图,但反过来,意图并不蕴含目的。我们平常说"目的"这个词时,往往不单指预期结果,也指意图,可以说是二者的

---

① 在言语行为中,言后行为(perlocutionary act)既包括预期结果,也包括非预期结果。当说话人的目的和实际结果相一致时,既是沟通,也是交际,即说话人的交际意图在实际交际中实现,沟通成功。如果这二者不一致,就只有交际,没有沟通,即不产生效果或产生反效果的交际(参看王道英、辜向东,2001)。

混合体。实际上,吕叔湘(1982[1942、1944]:406)很早就注意到了这一点:"目的,一方面可以说是内在的原因,一方面也可以说是预期的效果。"作为语言学术语来使用的"目的情景""目的关系""目的事件""目的小句""目的复句""目的宾语"等等也是如此,其中的"目的"同时包含了预期结果和意图。像(12)中的目的小句"明天在火车上吃",既可以说它是"我买了袋苹果"这个行为的预期结果,也可以说是行为的意图。本书在使用"目的"这个词时也循常习故,如果要专指预期结果而不指意图,则用"预期结果"。

　　目的范畴本质上是一种"关系"范畴,反映的是行为事件和目的事件之间的语义关系,行为是达到或实现目的的必不可少的要素。哲学界对目的的研究也同样强调行为之于目的的重要性,夏甄陶(1982:329)就指出:"不管人们提出的目的如何美好,如何高尚,他立志于实现这个目的的态度如何虔诚,决心如何强烈,如果没有实现这个目的的手段,那么,这个目的就毫无意义,既不可能形成人的有目的的对象性活动,当然也更无所谓目的的实现了。"①

　　实际上,不仅目的事件依赖于行为事件,目的情景中的行为事件也不是独立的,而是在某个意图的刺激下,为了实现特定的目的而实施的。也就是说,目的事件使行为事件具有了目标或方向。独立于目的的行为虽然可以存在,但在语义上就和目的毫无关系了。就像(19)这个例子,如果删除后一小句,就只是单纯地对"买车票"这一行为进行描述,无法表达出该行为实施的目的,也不是目的情景中的行为事件。因此,行为是服务于目的、服从于目的的,某种行为的创造和实施,都是为了达到某种目的。

　　综上所述,行为和目的之间是相互依存的辩证统一关系,行为的实施是为了某个目的,而目的的实现又需要凭借一定的行为。正如吕叔湘(1982[1942、1944]:405)所指出的:"目的和手段相对,乙

────────

　　① 夏甄陶(1982:329)和下文引用的吕叔湘(1982[1942、1944]:405)所说的"手段"在概念上与本书中所说的"行为"相当。

事为甲事的目的,甲事为乙事的手段。"因此,我们将"行为—目的"
语义关系确立为目的范畴建构的第二个语义特征。

　　汉语中目的范畴最主要的表达形式是目的复句,这正是对"行
为—目的"语义关系最好的体现:复句中的一个分句表达行为事件,
另一个分句表达目的事件,两个分句合在一起才能表达目的情景。
在命名上,"目的复句"这个名称只说"目的"、不说"行为",容易给人
造成误会,以为目的是独立存在的。不过,这种命名方式也符合汉
语学界传统的做法。正如邵敬敏(2007)提到的:"(旧有的复句类型)
少数采取'双视点'命名,比如说'因果'就是双视点,……揭示了前后
分句之间的语义关系,是比较准确的名称;但绝大多数都是采取'单视
点',比如'条件''假设''让步''转折'就都是单视点了……"单视点的
命名方式是对复句中某个分句的语义进行凸显的结果,其背后是部分
转喻整体的认知模式,即以一部分被凸显的语义来转喻整个语义关
系。当然,我们不能因为单视点命名而忽视了目的复句内部客观存在
的"行为—目的"语义关系。要判断一个复句是不是目的复句,并不取
决于其中各个分句是否有意图义,而是取决于这些分句的语义之间
是否构成了"行为—目的"关系。只要存在"行为—目的"关系,即便
是没有目的标记的复句,也可以视为目的范畴的表达形式。例如:

　　(22)我买了一件礼服,明天舞会上穿。

　　(22)这样的句子,通常归入连贯复句(或称顺承复句)的类别,
两个分句述说了在时间上有先后发生关系的两个事件,而且分句的
顺序不能颠倒。但从语义上看,这两个分句之间存在着"行为—目
的"关系,即"明天舞会上穿"在"我"的心理上是实施"买礼服"这一
行为的预期结果。我们可以在后一小句的句首加上"是为了"等目
的标记,句子依然成立,且没有改变原来的句义。

　　2.2.3　状态变化

　　Bach(1982:40)在研究英语目的小句时提出了一个"结果状态"
(result state)的概念,并将其定义为"动词变化的结果所造成的状态"。
这种看法实际上是将目的事件看成是行为事件所导致的结果。例如,

(23)中呈现了两个事件，一个是"I bought *War and Peace*"，另一个是"I read (the book) to the children"，后者是前者的结果状态。

(23) I bought *War and Peace* to read to the children.

（我买了《战争与和平》读给孩子们听。）

Bach(1982：41)认为，这个例子反映了"小说所有权的变化"。第一个事件表现出主语"I"通过购买的方式从书店获得了这本小说的所有权，第二个事件表现出主语已经拥有了这本小说，并将其中的故事读给孩子们听。也就是说，小说所有权的变化是造成"读给孩子们听"这一结果的前提。如果我们将注意点放在目的小句"to read to the children"上，就可以看到主语经历了如下的状态变化：从买小说之前无法读故事给孩子们听到买小说之后可以读故事给孩子们听。反之，如果我们的视点只停留在行为小句"I bought *War and Peace*"上，那么这种状态的变化就表现不出来了。从句法上看，(23)的行为小句可以脱离目的小句而独立成句，其作为目的复杂句中行为小句的意思和独立成句的意思没有区别，都是描述"购买了一部小说"的行为，但目的小句却不能脱离行为小句而独立成句，否则不合语法。但从语义上看，目的小句和行为小句各自描述了一个事件，这两个事件中有共同的成分(或参与者)，包括"I"和"*War and Peace*"，当说话人把这两个事件放在一起作为一个整体或一个话语单位(即复杂句)来表达时，这些共同的成分先后与不同的动作相联系，展现出了如上所述的状态变化，从而建立起了两个事件之间的目的关系。如果没有这种状态变化，描述相同事件的小句也不能被称为目的小句。

当目的情景包含的事件不止两个时，状态的变化可以根据事件发生的先后时间依次表现出来。例如：

(24)为了填饱肚子，张三当了母亲留下的手镯买东西吃。

(24)涵盖了一系列的状态变化，先是"手镯"所有权的变化，再是"钱"所有权的变化(尽管句子中没有提到这一点，但是我们可以根据百科知识推断出来)，接着是"食物"所有权的变化，最后是"食物从没吃到吃"的变化，而且这些状态变化共同构成了"张三由饿到饱"这一整个的状态变化。

结合 2.2.1 和 2.2.2 两节的分析,我们认为任何一个目的情景中所包含的各种内容不同的状态变化都可以概括为"从意图到行为再到预期结果"的变化过程。例如(24)中,意图是"想填饱肚子",预期的行为结果是"肚子饱了",主语"张三"所经历的是从没东西吃肚子饿到吃了东西之后肚子饱的状态变化。"食物"所有权的变化虽然与"吃东西"的行为直接相关,但与"肚子饱了"的状态并无直接关系。依此类推,我们可以看到在包含多个状态变化的目的情景中,"行为—目的"关系是有层级性的。例如,(24)中的"当了手镯买东西"是达成"吃(东西)"这一目的的行为事件,同时,这个行为事件的内部也存在着"行为—目的"关系,即"买东西"是"当了手镯"这个行为的目的。

目的情景与状态变化的联系是必然的。人们在心理上萌生出某个意图,是因为对当下客观现实的不满足,这是目的意象图式中力发生传递的起点。所以,必须采取一定的行为,按照自己的意志来改变客观现实中相应事物存在的状态,使之以一种新的状态在客观世界中存在(包括消失的状态),以满足人们的需要,为人们的目的而服务。如果不发生状态的变化,客观现实就无法与人们的需要相契合。状态变化的终点(即预期结果)也是目的意象图式中力的传递的终点,任何一个目的情景都内在地具有强烈趋向这个终点的属性,也就是人们通常所说的"实现或达成目的"。因此,我们将状态变化视为目的范畴构建的第三个语义特征。

要注意的是,一个目的情景中,状态变化的终点、行为事件的终结,以及目的在现实世界中的达成,是三个不同的概念,它们并不一定在同一个时间点上重合。韩明珠(2016:42)认为,"目的是事物连续运动的终结","目的的达成就意味着行为的终结"。他举了(25)这个例子,认为在"研制新的导航仪器"这一目的尚未达成时,科学家的"探索"行为就一直在延续;一旦新的导航仪器研制出来了,"探索"的行为也随之终止。这一观点存在两个误区:一是行为的终结并不等于目的情景中状态变化的终结,即行为不一定会一直延续到目的的达成。例如(9)中,"张三做米饭"和"儿子吃烙饼"之间可以有时间上的间隔,当前者(行为事件)终结时,后者(目的事件)可能尚未开始。二是作为目的情景状态变化终点的,只能是目的在心理世界中的达成,即上文所说的"预期结果",而不是目的在现实世界中的达成。例如(10)中,第三个小句表明目的在现实世界中没有达成,但这并不影响前两个小句所构成的目的情景有一个状态变化的终点。

(25)科学家正在努力探索这一奥秘,以便根据它的原理来研制新的导航仪器。

状态的变化与"行为—目的"关系这两个特征都是将行为事件和目的事件相联系,构建起两个事件之间的语义关系。它们的区别在于:状态变化是以两个事件中共同成分的状态所经历的变化来体现目的情景的力动态意象图式,即力从意图到行为再到预期结果的传递过程中所产生的影响。正如上文对(24)的分析所显示的那样,状态变化始于意图、终于预期结果,它贯穿了目的情景的全过程。"行为—目的"关系强调的是行为事件与目的事件之间相互依存的关系。

2.2.4　非现实

"现实"(realis)和"非现实"(irrealis)是从时间和情态的维度对事件进行定位的一对概念。Comrie(1985：39-40)在研究迪尔巴尔语(Dyirbal)[①]的时制时指出:"现实是指正在发生或过去已经发生的情景,而非现实则是指现实之外的所有情景。"这一观点是基于时间维度的,准确地说,是以现在时间(即说话时间)为界,在现在时间之前发生的事件是现实的,而在现在时间之后发生的事件是非现实的。与此不同的是,Chafe(1995：350)从认识情态的角度来论述这对概念,认为现实是通过直接感知观察到的客观现实,而非现实是通过想象构建出来的主观想法。Mithun(1995：368,1999：173)则综合了时间和情态两个维度,认为现实描述实现了的、一直在发生的或实际上正在发生的情景,能通过直接感知来了解;而非现实描述的

---

① 迪尔巴尔语,澳大利亚的一种土著语言,使用于昆士兰东北部地区。

情景纯属思维领域,只能通过想象来获知。

"主观的目的也是一种客观现象"(王维贤等,1994:148),虽然它只存在于非现实的心理世界中,而不存在于现实世界中。无论是意图还是预期结果,都是通过想象构建出来的,不能通过直接感知观察到。目的一旦达成,即由非现实的变成了现实的,就不能称其为目的了,而是行为所导致的实际结果。请比较(26)中的三个例子:

(26) a. 张三拼命挣钱的目的是在市区买套房子。

　　　b. *张三拼命挣钱的目的是在市区买了套房子。

　　　c. 张三拼命挣钱的结果是在市区买了套房子。

可以看到,同样是"(张三)在市区买套房子"这个事件,作为"目的"的内容来描述时,不能使用表示事件已经实现的完成体标记"了",但作为"结果"的内容来描述,就可以用这个"了"。

在目的情景中,以现在时间为参照,不论行为事件是现实的还是非现实的,目的事件都是非现实的。例如:

(27) a. 我昨天已经把材料都准备好了,以便明天在公司年会上报告。

　　　b. 我明天要把材料都准备好,以便后天在公司年会上报告。

根据时间名词"昨天""明天""后天"等,我们可以判定(27a)中的行为事件是发生在现在时间之前的,即现实的,而目的事件在说话时间尚未发生,即非现实的。(27b)中的行为事件和目的事件在说话时间都尚未发生,都是非现实的。因此,非现实是目的范畴构建的第四个语义特征。

有些消极目的小句可能会被人们误认为是目的范畴非现实语义特征的反例。例如:

(28) 我把张三出差的事告诉了他,免得他待会儿白跑一趟。

(29) 我应该早点儿把张三出差的事告诉他,免得他刚才白跑一趟。

目的小句中的时间状语"待会儿"和"刚才"表明,同样的事件

"他白跑一趟"在(28)中发生在说话时间之后(如果发生的话),而在(29)中却发生在说话时间之前。说(28)中的目的事件是非现实的,很好理解,但(29)中的"他白跑一趟"是已经实现了的、可以通过直接感知观察到的客观现实,那它还是非现实的吗?

在此,我们必须明确的一点是,在(29)中,"他刚才白跑一趟"并不是"我"希望发生的事件,而是"我"希望避免或不发生的事件。也就是说,句中的目的事件不是"他刚才白跑一趟",而是"不让他刚才白跑一趟"。如果将(29)改为用积极目的标记(比如"为的是")来标示且句义不变的目的复句,就能更清楚地看到这一点。例如:

(30)我应该早点儿把张三出差的事告诉他,为的是不让他刚才白跑一趟。

可见,在积极目的小句中,目的标记以外的部分表达了目的事件;而在消极目的小句中,目的标记以外的部分的否定命题才是目的事件。用逻辑符号表示如下:

(31)积极目的情景:行为 P,目的 Q

消极目的情景:行为 P,目的 ㄱQ

在说出(29)这句话之前,已经成为客观现实的事件是"我没有把张三出差的事告诉他"和"他刚才白跑一趟",后者是前者所导致的结果。(29)表达的内容是说话人做出的与客观现实相反的假设,即"我把张三出差的事告诉他"和"不让他刚才白跑一趟",这两个事件都是通过想象构建出的主观情景,并不存在于客观世界中。因此,(29)中的目的事件依然符合非现实的语义特征。

明确目的事件的非现实语义特殊是非常重要的。目的和行为在时间顺序上孰先孰后一直是个有争议的问题(Schmidtke-Bode,2009:104;尹洪波,2011 等)。有人认为,先有目的才能施行行为。也有人认为,先有行为才能达成目的。但就语言层面来说,人类语言都是将目的作为非现实事件来编码的(Schmidtke-Bode,2009:43)。有些语言的目的小句中还使用专门的体标记来表达目的事件的非现实语义。例如,韩语中的预期体(prospective)标记:

（32）나는　　　　　　　　돈을　　　　　벌

na-neun　　　　　　　　ton-eul　　　peo-l

第一人称单数-话题　　　钱-宾格　　　挣-预期体

목적으로　　　　　　　　공부해요.

mokjeok-eulo　　　　　　kongpuhe-yo.

目的-工具格　　　　　　学习-敬体

我现在学习是为了将来挣钱。①

　　汉语中虽然没有韩语这样的预期体记,但是汉语目的小句中谓语动词后面通常是不能带完成体标记"了"的,如(33)所示,这也是目的小句中对非现实语义的句法表征。当然,消极目的小句中谓语动词后面可以带"了",如(34a)所示,这是因为"误了火车"本身并不是目的事件,不具有非现实语义,所以也没有相应的句法表征。如果将(34a)中的消极目的小句改为意义相同的积极目的小句,如(34b)所示,那句中就不能出现"了"了。

　　（33）张三努力学习,是为了找(*了)一份好工作。

　　（34）a. 明天早点儿出门,以免误了火车。

　　　　　b. 明天早点儿出门,以便赶上(*了)火车。

　　如果目的先于行为的话,那么当行为事件是现实之时,目的事件也必须是现实的,但实际上不存在这样的例子。相反,却存在(27a)这样由现实的行为事件与非现实的目的事件共同构成的目的情景。因此,从现实与非现实语义特征的角度来看,可以肯定目的事件的达成在时间上是晚于行为事件的发生的。

　　另外,根据 2.2.2 节中对意图和目的这两个概念的区分,我们认为,持"目的先于行为"观点的学者实际上是将目的等同为意图。意图属纯思维领域,是非现实的,但它也是客观存在的,只不过它存在于心理世界而非物理世界。从时间维度看,意图在心理上的出现要早于说话时间(也可能与说话时间同时),如(35a)中说话人是先有

---

　　①　感谢上海商学院韩语系白莲花老师提供了这个例子。

"买大衣"的意图再说出这句话的；而实现该意图的时间既可以早于说话时间，也可以晚于说话时间，分别如（35b）和（35c）所示。就目的情景而言，意图在心理世界中出现的时间始终早于受其刺激的行为在物理世界中发生的时间。

（35）a. 我想买一件羊绒大衣。

　　　b. 我想买一件羊绒大衣，昨天终于买到了。

　　　c. 我想买一件羊绒大衣，明天去百货商场看看。

2.3　目的范畴和因果范畴

大多数语法著作在论及汉语复句时，都将目的复句和因果复句看作两个等立的概念，比如王力（1985[1943、1944]：62 - 63）、王维贤等（1994：122 - 152）、邵敬敏（2007）、张斌（2010：665 - 669）、陈振宇（2016：176）、刘月华等（2019：864 - 866，870 - 871），等等。但由于目的范畴和因果范畴之间的关系十分密切，也有学者将目的复句视为因果复句的子类，这种观点以黎锦熙（1992[1924]）和邢福义（1985,2001）为代表。

黎锦熙（1992[1924]：215）将主从复句中表原因和表目的的从句统称为"原因句"，"因为行为的目的就是动机，就是动的原因"。同时将"表因的连词"分为两组：一组"重在表理由——即原因"，包括"因为，（因，为）；由于；原来"，另一组"重在表动机——即目的"，包括"为……起见，（为着，为了，为……之故），为的是；以便"。但问题是，既然目的和原因在句法上有不同的表现形式——使用不同的连词，那为什么要将它们归为一类呢？ 黎锦熙、刘世儒（1962：109）或许可以回答这一问题："这两种连词在过去是可通用的……近来发展，渐趋分化，这'就应该注意用词的规范了'……凡原因句，最好不用'为着''为了'这种表'动机或目的'的连词，以便促进汉语的精确性。"这样看来，黎锦熙将目的等同于原因，是从"为着、为了"等连词的历史用法来考虑的，即目的连词由原因连词发展而来，因而目的也是原因。

　　邢福义(1985,2001)构建了范围更广的因果类复句系统,包括因果句、推断句、假设句、条件句和目的句等子类。其中,因果句表达的是最典型的、严格意义上的因果关系。这些复句"反映各种各样的'因果聚合'""甲乙两事之间只要存在因与果相互顺承的关系,都是广义因果关系;属于这一关系范畴的复句,都是因果类复句"(邢福义,2001:40)。至于目的复句,它是"从行动和目的的关系的角度来揭示事物间因果联系的复句"(邢福义,1985:5-6),是"目的性因果隐含句"的简称,"在隐含的关系上跟因果句相通"(邢福义,2001:41)。这里的"隐含"具体是什么意思,邢福义并没有说明。后来,吕明臣、丁新峰(2019)对此做如下解释:目的复句之所以被理解为隐含因果,是以"共变法"作为认知基础的,目的事件通过行为事件来完成。这种看法其实是片面的。共变法是通过观察两种现象同步变化的情形来确定二者之间具有因果联系的一种归纳策略(晁天义,2009),比如在其他因素相同的情况下,肥料的数量增加,水稻的产量也增加,我们就可以确定多施肥是水稻增产的原因。在目的情景中,有的是目的事件和行为事件共变,例如"为了使房间变亮,张三开了灯",只要灯一开,房间就变亮了;也有的是目的事件和行为事件没有共变关系,例如"为了考上研究生,张三报了一个辅导班",行为事件"报了一个辅导班"完成时,目的事件"考上研究生"并没有完成,甚至都还没开始。

　　对于目的范畴和因果范畴的关系,我们有两点基本认识:

　　一是目的范畴具有独立的地位。虽然有些目的连词历史上来源于原因连词,但现代汉语中原因连词和目的连词已经分化,不宜混用,这就表明说话人是有意识地在概念上将原因和目的区分开来,并用不同的连词来表达。从话语交际的角度来看,这样做能有助于听话人明确地分辨出说话人所表达的是原因还是目的。因此,目的范畴是一个独立的范畴,不能等同于因果范畴。

　　二是要区分广义和狭义的因果范畴。我们可以看到,在黎锦熙(1992[1924])的分类系统中,目的句是包含在原因句之内的,但是原因句中除去目的句后剩下的部分也叫原因句。也就是说,有广义和狭义两种原因句。邢福义(2001:41)更是在名称上做出了区分:广义的叫"因果类复句",狭义的叫"因果句"。前者是"为一个大群体划出一个大范围",后者和"目的句"等一起共同构成了"复句关系类别的基本类型","只有这些基本类型,才是由某种特定形式来标示某种特定关系的"。因此,目的范畴是广义因果范畴的子类,而不是狭义因果范畴的子类。下文讨论目的范畴和因果范畴之间的区别,也是就狭义因果范畴来说的。

吕叔湘(1982[1942、1944]:388)将"目的"放在"释因・纪效"①的章节之中来讨论,并指出"'目的'的观念,和行事的理由很相近,但所用关系词有同有不同"。这表明他也将目的范畴视为广义因果范畴的子类。同时,吕叔湘(1982[1942、1944]:403)还进一步对原因和目的进行了区分:"来自外界者为原因,存于胸中者为目的。"他举了(36)这个例子,说明针对(36a)的提问,(36b)的回答是原因,(36c)的回答是目的,二者实际上是一件事。"这就是原因可以换成目的说,目的可以换成原因说了。"

(36) a. 为什么又要找房子?

　　　b. 因为出不起这个房租。

　　　c. 想省几个房钱。

诚然,很多时候目的句和狭义原因句的连词可以互换,但我们也必须注意到它们有不能互换的时候。对(36)的例句稍加改动,得到下列两组复句:

(37) a. 因为出不起这个房租,我要找别的房子。

　　　b. *为了出不起这个房租,我要找别的房子。

(38) a. 因为想省几个房钱,我要找别的房子。

　　　b. 为了(*想)省几个房钱,我要找别的房子。

---

① "释因"是解释原因的意思,"纪效"是说明结果的意思。"两件事情中间的因果关系,可以有两种说法:或是说甲事为乙事之因,或是说乙事为甲事之果。前者可以称为释因句,后者可以称为纪效句。"(吕叔湘,1982[1942、1944]:387)

可以看到,(37a)中的"因为"不能替换为"为了",如(37b);(38a)中的"因为"可以替换为"为了",如(38b);但在替换连词之后,(38a)中的"想"不能在(38b)中出现。因此,需要进一步辨析因果范畴和目的范畴之间的区别。下面将从目的范畴四个根本性语义特征的角度入手,来谈谈目的范畴和因果范畴之间的区别。

第一,意图性的角度。王维贤等(1994:147-148)指出:"目的和行为是从主观的活动角度讲的,原因和结果是从客观现象之间的联系讲的,虽然抛开主观活动这一因素,单从现象之间的联系讲,目的是引起行为的(主观上的)原因。"他们举了(39)这个例子,认为(39a)和(39b)表达的逻辑语义关系不同,"后者反映了两个现象之间的因果关系,前者还明确地反映了这是主观上目的和行为的关系"。

(39) a. 大家为了追求真理,进行了激烈的争论。

　　　 b. 因为大家追求真理,所以进行了激烈的争论。

但是,光看(39a—b)这两个句子,似乎只有关联词使用上的不同,人们可能很难体会出主观和客观之间的差别在哪里。为了进一步说明这种区别,王维贤等(1994:148)又举了(40)这个例子,并说明如果要用因果句来表达"为了消除矛盾"这种意思,就必须在这个小句中加上表达主观目的的助动词"要"。

(40) 她的一生充满了矛盾,因为要消除矛盾,她甚至否定艺术,相信"艺术"是一种罪恶。

后来,王凤兰(2008a,2008b:20-21,2011)在王维贤等(1994)的基础上将目的的主观属性分解为三个特征——主观性、预期性和能动性,并指出:"目的范畴表现为主观倾向性,而因果范畴常常表现为客观倾向性""目的范畴含有预期性、能动性,而因果范畴不一定含有预期性、能动性"。这三个特征实际上都是意图性不同方面的表现:意图是存在于大脑中的想法,不是客观事实,因而具有主观性;要实现意图,必定要积极地、有意识地付诸一定的行为,体现了能动性;同时,意图会对行为的结果有一个预期,只有当预期结果能满足意图时,才会实施行为,这是预期性的表现。主观性、预期性和能动性三者的区分,从语义上看或许有一定的道理,但从语法上看则毫无必要,因为它们并没有相互区别的语法形式。有鉴于此,我们主张用意图性来统摄这三个特性。

具体来说,目的范畴和因果范畴在意图性的差别主要表现为以下两点:

一是目的范畴必须有意图性,没有无意图性的目的,而因果范畴不一定有意图性,既可以表达有意图性的原因,也可表达无意图性的原因。例如:

(41) a. 因为张三要举办画展,所以李四激动了好几天。

　　　b. *为了张三举办画展,李四激动了好几天。

(39b)的原因是有意图性的,即"(大家)进行了激烈的争论"这个行为是在"追求真理"这个意图的作用下,积极地、有意识地实施的。相反,(41a)的原因是无意图性的,"张三要举办画展"是消极地、无意识地影响到了"李四",使其"激动了好几天",即便"张三"和"李四"这两个人根本不认识,(41a)依然成立。只有有意图性的原因才有可能变换为目的表达形式,如(39a),而无意图性的原因则无法变换为目的表达形式,如(41b)。

二是目的连词表达意图性,而原因连词默认表达无意图性的原因。换句话说,目的连词除了目的义,还隐含了意图义,但原因连词没有这个隐含义。这就可以解释(38a—b)和(40)这样的情况。原因小句中要加"想""要"等意愿类助动词,才能表达有意图性的原因,如果变换为相应的目的小句,那么这些助动词也无须出现。

第二,"行为—目的"关系的角度。Sweetser(1990)区分了认知系统中三个不同的概念域:内容域(content),与现实的社会或物质世界成对应关系;认识域(epistemic modality),与认知主体的知识、推理系统成对应关系;言语行为域(speech acts),与认知主体的言语行为成对应关系。沈家煊(2003)在此基础上,讨论了复句语义关系在"行、知、言"三域上的区分。"行"指行为、行状,行域表达现实世界中的事理关系;"知"指知识、认识,知域表达逻辑推理中的认识关系;"言"指言语、言说,言域表达言语行为。

因果复句可以表达"行、知、言"三种不同的语义关系,例如:

（42）a. 小明回来了,因为他要娶小红。

　　　b. 小明要娶小红,因为他回来了。

　　　c. 运动会你报不报名? 因为截止时间是下午四点。

（42a）表达的是一种事理上的因果关系:"小明要娶小红"是"小明回来了"的原因。如果没有这个原因,就不会发生"小明回来了"的行为,所以（42a）是行域。（42b）看上去像是颠倒了（42a）中的因果关系,其实不是。这句话不能理解为"小明回来了"是"小明要娶小红"的原因,而是说话人知道"小明回来了",这是其推出"小明要娶小红"这一结论的原因。也就是说,（42b）是一种推理上的因果关系,这是知域,而不是行域。（42c）前一小句是个疑问句,而不是陈述句,因此不可能和后一小句构成事理上或推理上的因果关系。（42c）的意思是:说话人问听话人"运动会报不报名"是因为"报名截止时间是下午四点"。后一小句是说明前一小句做出"提问"这一言语行为的原因,所以（42c）是言域。

沈家煊（2003）指出,因果关系三个域的区别可以从小句的不同性质来说明:行域中,小句是句法语义单位;知域中,小句是逻辑推理单位（前提和结论）;言域中,小句是言语行为单位（请求、提问等）。

沈家煊（2003）认为,行、知、言三域的区分适用于各种类型的复句,具有概括性,但他并没有讨论目的复句中三域的区分。实际上,大多数目的复句体现的都是事理上的"行为—目的"关系,也就是行域。我们可以将（42a）改写为目的复句,如（43）所示,这个句子表达的意思是:"娶小红"是"小明回来了"这一行为实施的目的。如果不发生"小明回来了"的行为,就无法达到"娶小红"的目的;同样,如果没有"娶小红"的目的,也不可能发生"小明回来了"的行为。

（43）小明回来了,是为了娶小红。

"行为—目的"关系也可以体现在言域上,例如:

（44）你愿意和我共度 11.11 吗? 为了不在光棍节形单影只。

(44)的意思是：说话人问听话人"你愿意和我共度11.11吗"的目的是"不在光棍节形单影只"。也就是说，后一小句是说明前一小句做出"提问"这一言语行为的目的。

至于知域的"行为—目的"关系，韩明珠(2016：201)认为是"目的和行为之间没有普遍的直接关系，两者之间的关系需要借助逻辑推理建立"。他举的例子是(45)，并做如下分析："一般来说，选择某种职业容易想到是为了谋生、赚钱、体面等，而该句中'他'选择'药剂师'这一职业却并不是这种常见的目的，而是'安慰自己'以及'在少芳面前交待得过去'，这两个目的显然具有'据我所知'的意味，因此属于知域。"此外，韩明珠(2016：202)还对表达行域和知域的目的复句进行了对比："如果说行域的目的复句中'行为'与'目的'间的关系一看即知的话，那么知域的目的复句中'行为'与'目的'间的关系则需要经过一系列或浅或深的分析。"

(45)为安慰自己也在少芳面前交待得过去，他最终觅了药剂师这一行。

可以看到，韩明珠(2016)对知域的理解是完全错误的，错误地以"行为—目的"关系是否常见或看起来是否直接为标准来区分行域和知域，以为不是人们一看即知的而是需要进行分析的"行为—目的"关系，就是知域。

为了说明知域中逻辑推理的本质，我们现在回过头去看因果复句中的知域，要使(42b)中的逻辑推理成立，必须满足如下两个条件：

其一，说话人认为原因 p 是结果 q 的必要条件，即有结果 q 必有原因 p，但反过来有原因 p 不一定有结果 q(请注意：这种必要条件只是说话人所认为的，不一定是客观世界中的必要条件)；

其二，说话人知道结果 q 已发生或真实存在，所以可以推论出原因 p 也存在。也就是说，知道 q 是说话人推论出 p 的充分条件。

具体来说，(42b)中说话人首先有一个预设——"小明要娶小红"这个原因是导致"小明回来了"这个结果的必要条件。当说话人知道"小明回来了"之后，就可以推论出"小明要娶小红"。也就是说,"小明回来了"是说话人做出"小明要娶小红"这一推论的原因,但在实际话语中只表现了推论的内容,没有表现推论的行为,从而会使人感觉这种因果关系不那么常见或直接。

再回到目的复句上来,在"原因可以换成目的说"(吕叔湘,1982[1942、1944]:403)的前提下,对照因果复句中行域和知域的表达形式(42a—b)来看,与行域目的复句(43)相对应且与(42b)的结构相平行的知域表达形式应该如(46)所示。显然,(46)无法按照知域的目的关系来理解,即说话人知道"小明回来了",这是其做出"小明要娶小红"这一推论的目的。当然,(46)这个句子本身是合语法的,前提是按照行域的"行为—目的"来理解,即"小明要娶小红"这一行为的目的是"小明回来",这就与(43)的"行为—目的"关系完全相反了。因此,目的复句无法表达知域关系,"行为—目的"不能按照知域来理解。

行域	(42a) 小明回来了,因为他要娶小红。	(43) 小明回来了,是为了娶小红。
知域	(42b) 小明要娶小红,因为他回来了。	(46) ♯小明要娶小红,是为了回来。①

王凤兰(2008b:18-19)提到目的与"推论的理由"无关,高增霞、朱斌(2021)也提到目的范畴不表示"逻辑推论",虽然他们都只是一语带过,没有展开来论证,但我们认为这些看法与本书的观点是一致的,即"行为—目的"关系不存在知域角度的解读。

第三,状态变化的角度。上文提到,黎锦熙(1992[1924]),黎锦熙、刘世儒(1962:109),吕叔湘(1982[1942、1944])等都认为目的是原因或者和原因相近。与之相反,邢福义(1985:62)却认为目的"是采取某种行动所要获取的结果"。另外,Talmy(1976,2000a:

---

① 符号"♯"表示句子按一种意思来理解是不成立的,但按另一种意思来理解是成立的。

471-549)以人们对结果的知晓程度的差异来区分目的情景和施事者因果关系,表明他也将目的视为一种结果。之所以会出现这两种截然相反的看法,和目的范畴的"状态变化"特征有关。

2.2.3节论证了目的情景中的状态变化可以概括为"从意图到行为再到预期结果"的过程。在这一过程中,意图是引发行为的原因,而行为又是促成预期结果实现的原因。也就是说,单重因果关系不能构成一个最小的目的情景,最小的目的情景必须由双重因果关系来构成,但最小的因果情景只包含单重因果关系。不过,通常情况下,就某个具体的目的情景而言,意图和预期结果在内容上是一致的,所以人们在用语言符号编码目的情景的时候也不对二者加以区分,只用一个句法结构来编码,这体现了语言表达的经济性。因此,目的复句中的目的小句既可以理解为意图,也可以理解为预期结果,由此导致了目的小句和行为小句可以互为因果的现象。例如,(47a)这个目的复句,既可以变换为目的小句为因、行为小句为果的因果复句(47b),也可以变换为行为小句为因、目的小句为果的因果复句(47c)。以往的研究中,有的只注意到了意图和行为之间的因果关系,有的只注意到了行为和目的之间的因果关系,而没有将这两种因果关系结合起来看。

(47) a. 为了适应市场的新需求,公司对业务进行了调整。

b. 因为要适应市场的新需求,所以公司对业务进行了调整。

c. 因为公司对业务进行了调整,所以能适应市场的新需求。

当然,我们在BCC语料库里也检索到了少数同时将意图和预期结果都编码出来的目的复句,如(48)所示,意图和预期结果都是"满足(日常)需求"。这个例子来源于微博语料,前后内容重复,显得不简洁而且比较随意,像是未经加工的即时话语,更接近口语语体,这样的句子在书面语体中一般是见不到的。

(48) 为了满足我的日常需求,我的床体表面被子外区域覆盖了大部分物品,以便一伸手就可以满足需求。

第四,非现实的角度。2.2.4节论证了目的范畴具有非现实的语义特征。无论行为事件是不是现实的,目的事件都只能是非现实的,如(27a—b)所示。然而,因果情景中,原因事件和结果事件都既可以是现实的,也可以是非现实的。例如:

(49) a. 原因现实,结果非现实

　　　　外面下雨了,所以他会晚到一会儿。

　　　b. 原因现实,结果现实

　　　　昨天下雨了,所以原定于昨天举行的足球赛也取消了。

　　　c. 原因非现实,结果非现实

　　　　明天要下雨,所以明天的足球赛也要取消。

　　　d. 原因非现实,结果现实

　　　　下午要下雨,所以他刚才过来把雨衣拿走了。

因此,只有当原因是非现实的时候,因果复句才可能变换为目的复句。因果复句(37a)无法用目的复句(37b)的形式来表达,除了(37a)中的原因事件不具有意图性外,还因为这个原因事件是现实的。又如(50a)这个因果复句,原因事件是非现实的,而且具有意图性,就可以变换为目的复句(50b)。

(50) a. 因为想改善员工的居住环境,我要找别的房子。

　　　b. 为了改善员工的居住环境,我要找别的房子。

最后,简要地谈一下致使范畴和目的范畴的关系。从语义上看,凡是包含引起和被引起的关系的,都可以归入广义的因果范畴。致使范畴"反映的是致使事件与被致使事件之间的关系,它的含义是一实体(或事件)作用于另一实体,导致实体发出动作或产生变化"(周红,2005:103),因此也是广义因果范畴的一个子类。

"行为—目的"关系也可以看作是一种致使关系:说话人预期行为事件的实施会影响到目的事件的主体,导致其发出动作或产生变化。在目的复句中,有些目的小句本身就是以致使结构的形式来表达的,例如,(51)中的致使标记"让"必须出现,如果省去,句子就不合格了。

(51) 我想结识美国人民,好 *(让)他们更好地了解中国。

不用致使结构来表达的目的小句,也都可以通过添加致使标记的方式变换为致使结构,而且原先整个复句的"行为—目的"关系不变。例如:

(52) a. 欢迎来我公司参观考察,来人请先电告启程日期,以便我们迎接。

    b. 欢迎来我公司参观考察,来人请先电告启程日期,以便让我们迎接。

致使范畴和目的范畴之间的区别也主要体现在意图性、"行为—目的"关系、状态变化和非现实性这四个方面。

第一,致使范畴既可以表达有意图性的致使,即致使者发出行为是为了作用于被使者、使被使事件发生,如(53a)所示;也可以表达无意图性的致使,即致使者发出行为不是为了作用于被使者、使被使事件发生,如(54a)所示。相反,目的范畴具有意图性,行为事件的发生都是为了使目的事件实现。所以,有意图性的致使句(53a)可以变换为目的复句(53b),而无意图性的致使句(54a)则无法变换为目的复句,(54b)是不合语法的。

(53) a. 张三揭发了李四的罪行,让李四受到了法律的制裁。

    b. 张三揭发了李四的罪行,是为了让李四受到法律的制裁。

(54) a. 张三突然晕倒了,让李四感到很害怕。

    b. *张三突然晕倒了,是为了让李四感到很害怕。

第二,"致使—被使"关系只有行域上的表现,没有知域和言域上的表现。例如(53a)体现的就是致使事件导致被使事件发生的事理关系,属于行域。"行为—目的"关系有行域和言域上的表现,但没有知域上的表现。

第三,致使事件和被使之间的因果关系是单重的,例如(53a)中,致使事件是被使事件发生的原因。目的事件和行为事件之间的因果关系是双重的。

第四,致使范畴中被使事件既可以是非现实的,如(55a);也可以是现实的,如(55b)。目的范畴中目的事件只能是非现实的。如果将致使句(55b)变换为目的复句(55c),那么"放弃"后面就不能出现完成体标记"了"。

(55) a. 他语重心长地说了一番话,想让我放弃当演员的想法。

b. 他语重心长地说了一番话,让我放弃了当演员的想法。

c. 他语重心长地说了一番话,是为了让我放弃(*了)当演员的想法。

2.4　小　　结

目的是人类的基本概念之一,包括三个基本要素:意图、行为和预期结果。这三个要素基于力动态意象图式建立起联系:意图施力使行为发生,而行为的力又会导致预期结果出现。目的关系可以被定义为是由施动者有意图地实施某种行为并引发与意图相应的预期结果的过程。在这个过程中,意图和预期结果通常都是一致的,即预期结果要满足意图,所以人们也不对它们加以区分,而统称为"目的"。也就是说,我们通常所说的(包括作为语言学术语来使用的)"目的"实际上是包含意图和预期结果在内的一个混合概念。目的情景通常由两个事件来构成,即行为事件和目的事件,其中,目的事件对应于意图和预期结果这两个要素。目的事件和行为事件之间是相互依存的关系,脱离行为的目的是不存在的,而脱离目的的行为只是行为、无法表达目的义,可见目的在本质上是一种"关系"范畴。行为事件既可以是现实的,也可以是非现实的,但目的事件必须是非现实的。一旦目的在现实世界中达成,就不再是目的事件了,而是结果事件。

目的范畴建构的语义基础是意图性、"行为—目的"关系、状态变化和非现实这四个语义特征,其中意图性是最根本的语义特征。目的范畴和狭义的因果范畴还有致使范畴一样,都包含引起和被引起的关系,它们可以归入广义的因果范畴。但是,目的范畴在上述四个语义特征上的表现不同于狭义因果范畴和致使范畴,如表2-1

所示,因此这四个语义特征可以用来给目的范畴划定边界,目的范畴是一个独立的范畴。

表 2-1　目的范畴和狭义因果范畴、致使范畴的区别

	意图性		"行为—目的"关系			状态变化		非现实	
	有意图	无意图	行域	知域	言域	单重因果关系	双重因果关系	现实	非现实
目的	√		√		√		√		√
狭义因果	√	√	√	√		√		√	√
致使	√	√	√			√		√	√

第三章　目的范畴的建构(下)：语法形式

语法形式是用来表达语法意义的,但由于人们观察世界的角度和思维的方式不尽相同,相同的语法意义可以用多种不同的语法形式来表达。本章主要考察的问题是,现代汉语中有哪些表达目的范畴的语法形式? 这些语法形式是否必须带目的标记? 赵春利(2005)曾就目的范畴的表达方式提出如下的判断标准:"如果某一表达方式直接指向心理目的,那么语言形式的语义与心理目的是一致的,语言形式在语义上体现了目的","该语言形式属于体现目的范畴的表达形式"。但是,"指向心理目的"的说法十分模糊,在对具体的例子进行判断时不具有可操作性。

我们认为,要考察目的范畴有哪些语法表达形式,要坚持两个原则:第一,以目的范畴的语义特征为判别依据,只有同时具备意图性、"行为—目的"关系、状态变化和非现实这四个语义特征(详见第二章 2.2 节)的结构,才可以看作是表达目的范畴的语法形式。这样就可以排除那些只符合上述某些特征而没有同时符合四个特征的语法形式,例如"我想回家"等意愿动词带谓宾的结构,只有意图性和非现实性这两个特征,而没有"行为—目的"关系和状态变化这两个特征,因此不属于目的范畴的语法形式。另外,赵春利(2005)将祈使句也视为"包含目的意义的句子","因为祈使语气作为语法形式直接体现了说话者的目的"。祈使句(例如"你过来!")表达的行为是说话人的意图所在,而且在说话时间尚未发生,具有意图性和非现实性这两个特征,但也没有"行为—目的"关系和状态变化这两个特征,因此不属于目的范畴的语法形式。第二,语法形式只包括词的变化形式(即形态)或句法结构的变化形式,不包括词汇形式。

这样就可以排除那些表目的义的词汇形式,如(1—2)所示,句中的目的义是由名词"目的"本身的概念义来表达的,而不是通过语法形式来表达的。

(1)他写这封信的目的是表明自己始终与人民站在一起的立场。

(2)出于推动经济高质量发展的目的,省政府最新部署了一系列优化产业结构的举措。

现代汉语中,目的标记都是由句法成分来编码的,如虚词、短语等,没有用词缀等形态成分来编码的〔例如第二章(18b)中古古伊米迪尔语的目的后缀-nhu〕。目的范畴的语法形式可以根据其结构特点分为以下四类:目的复句、带目的标记的单句、无标记目的句和动宾目的式。

3.1　目　的　复　句

复句是汉语中最常见的表达目的范畴的语法形式,许多教材都只在复句部分对目的关系进行介绍,而不会在连动句等其他部分涉及目的义的表达。目的复句通常由两个小句构成,一个是主句,表示某种行为,另一个是从句,表示该行为所要达到的目的。黎锦熙、刘世儒(1962:109)首次正式提出了"目的句"的概念,这个"目的句"不是我们现在所说的"目的复句",而是指包含在目的复句之内的"目的从句"。目的复句的命名,诚如黎锦熙、刘世儒(1962:109)所言,"是以语意为标准的,不属于语法形式范畴",但是汉语母语者在判断一个复句是否为目的复句时,却基本上只关注其外在形式上有没有目的标记的出现。这些目的标记可以根据其句法性质分为连词和短语两类。

连词类包括"为₂""为了₂""为着₂""好""来""去""借以""用来""用以""旨在""以""以便""以期""以图""以防""以免""免得""省得"等。例如:

(3)为/为了/为着解决500多名职工的安置费问题,公司向承包方提出 2 500 万元借款。

（4）公司为新员工提供了一次免费旅游的机会，好让大家相互间有更深入地了解。

（5）教师引导学生运用生物学和化学的知识，来／去探究寻求生态植保和可持续发展农业的有效办法。

（6）最近美国还专门发射了一颗人造卫星，借以／用来／用以监测大气中的臭氧变化。

（7）举办本次科技节，旨在进一步提高我校学生的创新能力和实践能力。

（8）他风尘仆仆地周游列国，以／以便／以期／以图实现自己的社会主张和抱负。

（9）你要保管好这笔现金，以防／以免／免得／省得让坏人偷走。

其中，"借以""用来""用以""旨在"等都是正处于连词化过程中的目的标记，语法化的程度还不够高。《现代汉语词典》（第7版）中没有收录"用来""用以"和"旨在"，只收录了"借以"，释义和例句如下：

"**借以** 连 用在下半句的开头，表示把上半句所说的内容作为凭借，以达到某种目的：略举几件事实，～证明这项工作的重要性。"（中国社会科学院语言研究所词典编辑室，2016：673）

《现代汉语规范词典》（第3版）则将这四个词都收录了，释义和例句分别如下：

"**借以** 连 连接分句，用在后一分句开头，表示后一分句所说内容以前一分句所说内容为凭借，相当于'以便'▷仅举一例，～说明问题的严重性。"（李行健，2014：681）

"**用来** 动 靠（它）或拿（它）达到某种目的 ▷写首诗，～表达自己的感情。"（李行健，2014：1589）

"**用以** 动 用来；用于 ▷广开财源，～更新生产设备。☞只能带动词性宾语。"（李行健，2014：1589）

"**旨在** 动 目的在于 ▷办在职训练班，～给大家充电。"（李行健，2014：1694）

可见,目前学界只对"借以"的连词属性认可度较高。实际上,"借以""用来""用以"等做动词时表达的是广义的工具义,而非目的义,如(10)—(12)所示。只有当它们位于表行为义和表目的义的小句之间时,才具备了充当目的标记的可能性。像(6)这样的句子中,"监测大气中的臭氧变化"所凭借的是"人造卫星"这一事物,而不是"发射人造卫星"的行为。也就是说,后一小句表达的是凭借前一小句中行为的结果来达成某种目的,即前后小句构成了"行为—目的"关系。因此,把这里的"借以/用以/用来"看成连词更符合它们已经发生了功能变化的语言事实。"旨在"能充当目的标记,是因为其本身的词汇意义(或语素意义)。因为"旨"本来就是"意图"或"目的"的意思,所以"旨在"就直接表明了其后成分一定是某种行为的目的。但是与意义相近的"目的在于""目的是"等短语不同,"旨在"的词汇化程度很高,"目的在于"中"目的"前面可以加修饰语,但"旨在"的"旨"前面不能加修饰语,如(13a—b)所示。

(10)教育是迄今为止人类借以达到社会平等的最重要手段。

(11)文字的功能作用是什么? 文字是人类用以"记录"的工具、交流的工具、广而告之的手段,这些应是其基本的功用。

(12)浑天仪是一种用来测量天体坐标的仪器。

(13)a. 我们的目的在于解决问题。

　　b. *我们的旨在解决问题。

短语类包括"是为了""为的是"等。例如:

(14)大将军这次进京,是为了向皇上进献一件稀世宝物。

(15)那天,他们几个都起得很早,为的是赶上去千岛湖的首班车。

对于(14)(15)这类句子的理解,关键取决于听话人对短语类目的标记的定性。以"是为了"为例,如果把"是为了"整个看成一个连词的话,(14)就是一个复句。如果把"是"看作判断动词,把"为了……"看作动宾短语,那么(14)就是一个表判断的单句。因此,"是为了""为的是"等短语也正处于词汇化和连词化的过程中。单从功能和意义的角度来考虑,这类短语和典型的目的连词"以便"等一样都具有关联功能并表达了目的语义关系,因此我们倾向于将它们所在的句子当作目的复句来处理。也有学者已经将"是为了"和"为的是"归入连词的范畴了,如周刚(2002:58)等。

典型的目的复句只包含一个目的小句,但也有一些目的复句包含两个或更多的目的小句。例如:

(16)总理一行这次来访,主要是为了增进两国友好合作关系和人民之间的友谊,为了加强两省州在工业、农业、贸易、科学技术、文化艺术、教育、体育等方面的交流和合作。

(17)为了达到洞口,以便观察洞口横剖面形态,我们只能从一块石头爬或跳到另一块石头。

(16)以"为了"引导的两个目的小句分别表达目的的不同方面,二者之间是并列关系,可以互换顺序而不影响句义的表达。(17)中的目的关系更为复杂,行为小句的直接目的是"达到洞口",间接目的是"观察洞口横剖面形态",同时,"观察洞口横剖面形态"又是"达到洞口"的直接目的。这两个目的小句不能互换顺序。这种目的关系具有层级性的特点,因此目的小句一般要用不同的目的标记来引导。"以便"引导的目的小句只能后置,所以它和后面的行为小句无法直接构成"行为—目的"关系,而是与前面的"达到洞口"构成了"行为—目的"关系,这是整个句子的第一层(内层)目的关系。然后,第一层目的关系整体充当"我们只能从一块石头爬或跳到另一块石头"这个行为的目的,构成了第二层(外层)目的关系,并用"为了"进行标记。

目的标记也可以根据语义分为积极目的标记(也称为"求得义目的标记"或"肯定性目的标记")和消极目的标记(也称为"求免义目的标记"或"否定性目的标记")两类。前者标记的目的是希望某种事件或状态发生,后者标记的目的是避免或防止某种事件或状态发生。上面所举的汉语目的标记中,只有"免得""省得""以防""以免"这四个是消极目的标记,其他的都是积极目的标记。在世界语言中,消极目的标记的使用范围要远远小于积极目的标记。根据

Schmidtke-Bode(2009：130-131)的统计,在 80 种有目的结构的语言中,只有 19 种语言有专门的形式(特定的形态变化或特定的连词)来标记消极目的。这是因为消极目的从句一般都可以通过在积极目的从句上添加否定标记的方式来表达。例如:

(18) a. 他轻轻地走进去,以免惊醒熟睡中的母亲。

　　　b. 他轻轻地走进去,是为了不惊醒熟睡中的母亲。

(18a)中的消极目的标记"以免",可以改为(18b)中积极目的标记"是为了"加上否定词"不"的形式来表达,句义不变。

尹洪波(2017)基于对 CCL 语料库的随机抽样统计发现,无论主句是肯定句还是否定句,消极目的从句绝大多数是肯定句。不过,我们注意到,有时候消极目的从句必须使用否定句,而且也无法改成语义相当的积极目的从句。例如:

(19) a. 以后你就别问了,免得他不高兴。

　　　b. 以后你就别问了,以便他高兴。

"高兴"和"不高兴"不是非此即彼的二元反义关系(例如"对"和"错"),而是级差反义关系,二者中间还有其他成员,否定一方并不代表就是另一方。(19a)的意思是"你问"会导致"他不高兴",为了避免出现"他不高兴"的情景,"你就别问了"。此时,只能用消极目的标记加否定从句的表达方式。如果改成(19b),句义就发生了变化,因为(19a)无法推出"你不问"会导致"他高兴"的意思。

Schmidtke-Bode(2009：34-70)通过跨语言的研究发现,相比其他类型的状语从句来说,目的从句是最容易发生"降级"(deranked)的,即从句谓语动词失去了带时—体—情态标记或一致关系标记的能力,表现为非限定的形式,此外从句的论元(特别是主语)也倾向于被隐去。英语中的不定式目的从句就是典型的例子,如(20)所示,从句动词 to read 是不定式,无法再发生任何形态变化,同时从句主语 I 也无法表达出来。

(20) I bought a book to read on the plane.

　　　(我买了一本书,以便在飞机上看。)

与此不同的是,汉语目的从句的谓语动词并没有降级的表现,而且从句的主语论元也不是强制隐去的,(20)的汉语译文如果将从句主语补出来,即"我买了一本书,以便我在飞机上看",依然是合语法的。因此,目的标记成了汉语目的复句唯一的形式标志。不过,带了目的标记的小句,就丧失了小句的自立性,无法独立进入语篇,必须依赖于行为小句(与之构成主从复句)才能使用,这一点或许也可以看成是一种降级的表现。

3.2　带目的标记的单句

目的标记除了连词类和短语类的,还有介词类的,包括"为₁""为了₁""为着₁""为(了)……起见""为(了)……而……"等,它们都用于单句。

目的连词"为""为了""为着"历史上是由同形介词发展而来的(详见第四章 4.1.1 节),由于语法化的渐进性,这些介词在现代汉语中也可以表目的义,如(21a)所示。该句中只有一个谓语动词"挣",介宾短语"为了女儿"充当"挣"的状语,整个句子是一个单句。张谊生(2000:100)指出,判断介—连兼类词在具体用例中的词类的方法是:如果引导的成分是一个小句或复句形式,它们就是连词;如果引导的成分是一个单词或体词性短语,它们就是介词。(21a)中的"为了"后面带的是名词"女儿",所以它是介词。(21b)中的"为了"后面带的是小句"给女儿治病",所以它是连词。不过,(21b)中的目的从句也可以嵌入主句的主谓之间,如(21c)所示。

(21) a. 小明为了女儿拼命地挣钱。

　　　b. 为了给女儿治病,小明拼命地挣钱。

　　　c. 小明为了给女儿治病拼命地挣钱。

(21c)一般还是作为单句来处理。张斌(2010:636)提到,区分单句和复句的一个重要标准就是:"复句中,分句与分句在结构上互不包含,作为语言单位相对独立,不是对方内部结构的一个组成成分。"显然,(21c)中的"为了给女儿治病"是包含在更大的结构中的,与(21a)的"为了女儿"在功能上具有平行性,都是充当谓语动词"挣"的状语。当然,将(21c)中的"为了"视为介词,也会面临一个问题,就是这个介词后面带的是一个小句,这与介词只能引介名词短语的句法功能相矛盾。其实,(21c)这样的例子恰好体现了"为了"由介词(21a)演化为连词(21b)的过渡阶段,虽然已经发展出了带小句的功能,但"'为了'+小句"还被包含在单句之内,句法功能也和介宾短语相同。

"为(了)……起见"和"为(了)……而……"都是框式介词(参看刘丹青,2002;史金生,2006),所以也属于介词类的目的标记。例如:

(22) 为慎重起见,李四没有直接把这件事告诉经理。

(23) 李四为了救落水儿童而牺牲了自己。

框式介词中的前项和后项并不是必须共现的,(22)中的"为慎重起见"既可以省略"起见"说成"为慎重",也可以省略"为"说成"慎重起见",都表目的义。(23)的情况有所不同,省略"而"说成"李四为了救落水儿童牺牲了自己"也可以表目的义,这与(21c)的结构一致;但省略"为了"说成"李四救落水儿童而牺牲了自己",目的义就没有了,或者至少是不明确了。(23)中,"牺牲自己"是实现"救落水儿童"这一目的的手段,因此"牺牲自己"是"李四"有意识地选择的行为。然而,在"李四救落水儿童而牺牲了自己"这个句子中,"牺牲自己"未必是李四有意识地选择的行为,也可能是被动地承受的结果。

带目的标记的单句还有一种情况,就是将整个目的复句嵌入另一个单句充当句法成分。请比较:

(24) a. 统一制定计划,来调节社会生产。

　　　b. 国家可以统一制定计划来调节社会生产。

(24a)是一个以"来"为目的标记的目的复句,而(24b)中,"统一制定计划来调节社会生产"整体充当情态动词"可以"的宾语,"这种形式上的'复句'称之为'复句形式',并不是真正的复句,整个句子还是单句"(张斌主编,2010：636)。不过,句子所表达的目的语义并没有因为单句或复句的形式而改变,即都具备目的范畴的四个语义特征,因此(24b)这样的句子也属于表达目的范畴的语法形式。

3.3　无标记目的句

吕叔湘(1982[1942、1944]:406)首次将"打开窗透透气"这类连动句确立为"白话里头""表达目的的方式"。张伯江(2002)在此基础上进一步指出"目的句是连谓句中常见的一种,两个动词短语陈述同一个行为者,后面的动词短语表示前一个动词短语的目的"。这表明目的范畴不一定要用复句形式来表达,也不一定要有目的标记。这与我们用语义标准而非形式标准来考察目的范畴语法形式的思路是一致的。不过,张伯江(2002)把(25a)这个句子也看作是"标明 VP₂ 为 VP₁ 的目的"的连动句,这与通行的连动句定义并不相符。Aikhenvald(2006:20)指出:"与并列结构或主从结构不同,连动句在定义上不能包含任何的句法从属标记。"但是,(25a)中后一个VP 前有目的标记"好",因此应该分析为目的复句。如果删掉这个"好",如(25b)所示,就是目的关系连动句了。(25a)和(25b)仅一字之差,但相比之下,目的复句(25a)因为有目的标记"好",在目的关系的表达上要比连动句(25b)更为明确。

(25) a. 我得早点着手准备好应付考试。

　　　b. 我得早点着手准备应付考试。

要注意的是,并非所有的连动句都能表达目的关系。例如:

(26) a. 张三病了躺在床上。

　　　b. 小明吃了饭去上学。

　　　c. 小莉微笑着低下了头。

判断一个连动句是否为目的范畴表达形式,也要看它是否同时具备目的范畴的四个语义特征。(26a)体现的是两个动作间的因果关系,(26b)和(26c)分别表达了两个动作间先后和同时的时间关系,都不是目的关系。

目的关系连动句可以进一步分为两种类型(赵旭,2020)。例如：

(27) 张三去书店买小说。

(28) 张三买小说看。

这两类连动句在形式上最主要的区别是：(27)中两个 VP 共享主语论元"张三"，而(28)中两个 VP 不仅共享主语论元"张三"，还共享宾语论元"小说"，而且这个共享的宾语只能放在两个动词之间，不能放在第二个动词之后，如将(28)改为"*张三买看小说"就不合语法了。因此(28)这类句子也被称为"同宾结构"(刘辉,2009;田启林、单伟龙,2015)或"宾语共享类连动式"(彭国珍,2010)。在语义上，(27)中的两个 VP 既可以解读为"方式—行为"关系，也可以解读为"行为—目的"关系，而(28)中的两个 VP 只能解读为"行为—目的"关系，不能解读为"方式—行为"关系。当然,(27)和(28)还可以整合为一个句子，如(29)所示，这个三项 VP 的连动式包含两层目的关系，既可以分析为[[去书店买小说]看]，也可以分析为[去书店[买小说看]]。

(29) 张三去书店买小说看。

"从跨语言的角度说，典型的连动式表达的是结果关系"，但是"与西非语言相比，汉语似乎可以允许在连动结构中出现更松散一些的事件关系，这种事件关系就是目的关系"(高增霞,2006：71)。然而，用连动句来表达目的关系并非汉语的特性。根据目前所掌握的材料，除汉语之外，东南亚的一些语言中也有目的关系连动句。例如：

(30) 亚齐语（Acehnese）[1]

Neu	duek	pajôh	bu	dilee.
第二人称单数	坐	吃	米饭	现在

你现在坐下来吃饭。(Durie,1985：241)

(31) 土康贝斯语（Tukang Besi）[2]

---

[1]　亚齐语，印度尼西亚苏门答腊岛最北部的亚齐人使用的语言，属南岛语系。

[2]　土康贝斯语，印度尼西亚苏拉威西岛东南部的瓦卡托比人所使用的语言，属南岛语系，当地人自称"Tukang Besi"，意思是"钢铁工人"。

Te	anabou		iso	no-
定冠词	孩子		那边	第三人称.现实
wila	no-		kee	ngkee
去	第三人称.现实		重叠	跳跃
kua	wunua.			
向格	房子			

那孩子走向那所房子为的是蹦蹦跳跳。（转引自 Schmidtke-Bode，2009：104）

亚齐语和土康贝斯语中的目的关系连动句和汉语中的情况类似，都是前一个 VP 表示行为，后一个 VP 表示目的。还有些语言中，连动句能否表达目的关系取决于句中使用的动词的类型。在塞梅莱语（Semelai）①的连动句中，如果有位移动词出现的话，则可以理解为目的句。如果没有位移动词的话，通常就理解为结果句。例如，(32)中因为使用了位移动词 lɔh，所以这个句子可以理解为目的关系。也就是说，塞梅莱语的连动句中，目的关系是依靠位移动词凸显出来的。

(32) 塞梅莱语（Acehnese）

Ki＝lɔh②		yɔk	knɔn.
第三人称单数＝跑过去		接	孩子

他跑过去接孩子。（转引自 Schmidtke-Bode，2009：104）

廖伟闻和林宗宏（Liao & Lin，2019）将表目的关系的连动句称为"无标记目的句"（bare purposive）。我们在此沿用这个术语，是为了将其作为目的关系连动句和紧缩目的复句的上位概念。王力（1985[1943、1944]：102-103）提出了"目的式的紧缩"的概念，指目的复句中省去了目的标记之后的结构，他举的例子如下：

(33) 把那孩子拉过来我瞧瞧皮肉儿。

---

　① 塞梅莱语，马来西亚马来半岛蒂迪旺沙山脉两侧的塞梅来人所使用的语言，属南亚语系。

　② "＝"表示其前后两部分是以"类附着语素"（clisis）连接在一起的。

（34）买两个绝色的丫头谢你。

（35）要家口花名册查看。

(33)可以在"我"前面补上"以便"，即"把那孩子拉过来，以便我瞧瞧皮肉儿"，整个句子就变成目的复句了，而且句义也不变。但是，王力(1985[1943、1944]：102)又说："这种紧缩式和普通的目的式的界限也是不很清楚的"，他以(33)为例，说："若在'来'字后面稍作停顿，就可认为普通的目的式了"。停顿并不是目的标记，为什么就能认为是普通的目的式呢？我们认为，这里所说的"普通的目的式"实际上是指目的关系连动句，而不是目的复句。(34)和(35)就分别是上文所说的两类目的关系连动句，前者只共享主语，后者共享主语和宾语。如果都是这种情况，就没必要设立"紧缩式"这个类别了。然而，(33)中两个VP并不共享主语，"把那孩子拉过来"的主语是听话人，而"瞧瞧皮肉儿"的主语是"我"。"主语共享"被认为是典型连动句的一个特征，"如果一个语言有连动结构，那就可以预料在大多数类型中，各个组件的主语是相同的"(Aikhenvald, 2006：14)，所以(33)这样的句子并不是连动句，可称之为紧缩目的复句。也就是说，目的关系连动句和紧缩目的复句都包含具有目的关系的两个VP，而且VP之间都没有用目的标记来连接，所以如王力(1985[1943、1944]：102)所言，二者的界限"不很清楚"，它们的区别就在于两个VP是否共享主语。另外，王力(1985[1943、1944]：103)还指出，就全国方言而言，紧缩目的复句中"用'给'字的情形较为多见"，如(33)可以加"给"变成"把那孩子拉过来给我瞧瞧皮肉儿"。不过，加"给"之后，整个句子就是共享主语的连动句了，而不再是紧缩复句。后一个VP"给我瞧瞧皮肉儿"是兼语结构，其主语和前一个VP"把那孩子拉过来"的主语是相同的，都是听话人。

3.4　动宾目的式

目的语义成分除了用小句或动词短语来表达之外，还可以用名词短语来表达。汉语和英语都可以用目的义介词来引介这样的名词短语,例如(36)的"为"和(37)的 for。

(36)为这件事,他托了好几个人。

(37)I bought the machine for my work.

　　　(为了工作,我买了这台机器。)

此外,汉语中的名词短语还可以直接充当动词宾语来表达目的义。例如:

(38)小王一大早就去排火车票了。

(39)小张最近一直忙着跑生意。

(40)看在我们是老同学的份上,就请你帮忙活动一个名额吧。

上述例句中的"火车票""生意""一个名额"都表示前面动词的目的,整个动宾结构表达"行为—目的"关系。虽然"排""跑""活动"等都是不及物动词,不能直接支配其后的名词短语,但这些名词短语并不需要也不能用目的义介词来引介。有些动宾目的式中的动词虽然是及物的,但也不和其后宾语构成及物关系。如(41)所示,"灌老鼠"的意思是"(往老鼠洞里)灌水以抓老鼠","灌"和"水"才构成及物关系,而"老鼠"并不是"灌"的核心论元。可见,由非核心论元充当动词的直接宾语是动宾目的式在句法形式上最重要的特征。因此,像"写论文""申请项目"等,虽然可以变换为带目的标记的单句,如"为了论文而写""为了项目而申请",但其中的宾语都是动词直接支配的对象,与之构成及物关系,充当其核心论元,因此不能归入目的宾语的范畴,传统上将它们称为结果宾语。

(41)碰到天气好的时候,有人会提议去田野上灌老鼠。

与其他的目的范畴语法形式相比,动宾目的式使行为和目的的联系更为紧密,也更加突出了目的物作为信息焦点的地位。特别是当目的事件是"获取某种目的物"时,这个目的物承载了句义中最重要的信息,而相应的获取义动作就显得不太重要了,可以不表达出来。例如:

(42)为了进口原材料,厂长亲自去跑。

(43) 为了原材料，厂长亲自去跑。

(44) 厂长亲自去跑原材料。

(42)中目的事件是"进口原材料"，其中目的物"原材料"才是语义重心，而相应的动作"进口"可以省略，如(43)所示。但(43)中的"原材料"是介词宾语，只是为主句提供附加信息，而(44)中的"原材料"充当谓语动词的宾语，这正是自然焦点的常规句法位置，因此"原材料"也成了句子的主干信息。

动宾目的式在能产性上有不平衡的表现。一方面，总体上来看，动宾目的式并不是一种能产的结构，汉语中只有少数动词可以带目的宾语，而且很难类推到其他动词上。这是因为宾语并不是目的的常规句法位置，而是受事的常规句法位置，所以当一个动宾结构出现时，人们会优先按照"动—受"关系去解读。只有当一个动宾结构无法或难以解读为"动—受"关系时，才有可能用来表达目的关系，否则就会产生歧义，给听话人的理解造成困难。这也是为什么很多带目的宾语的动词都是不及物动词的原因，因为不及物动词本身不存在受事宾语。另一方面，少数能带目的宾语的动词又表现出很强的能产性，例如"排"，只要是排队购买或领取的东西，都可以与之构成动宾目的式。北京冬奥会期间，各大官方纪念品零售商店都有很多人排队购买冰墩墩，甚至还有通宵排队的，动宾目的式"排冰墩墩"也应运而生，如(45)所示。还有，因为新冠疫情防控工作的需要，排队做核酸成为时下人们生活中的一个常态，因此也就有了"排核酸"这个动宾目的式，如(46)所示。

(45) 姐妹们，我也来排冰墩墩了！（小红书，2022 年 3 月 1 日）

(46) 因为坐公交、上下班、进出商场都要 72 小时核酸，所以很多人赶紧去排核酸。（网易新闻，2022 年 6 月 2 日）

3.5　各种语法形式间的关系

根据范畴化的原型理论，"自然类各成员地位并不平等，其中有较好的和较差的成员之分。……最好的成员即最具原型性(prototypicality)的成员,其与最差的成员之间,可有等级之别"(张敏,1998:55)。尽管汉语目的范畴的四种语法形式都同时具备目的范畴的四个语义特征,但是各种语法形式对目的关系的凸显程度是不同的,有的原型性强,有的原型性弱。

目的复句是目的范畴语法形式中最具原型性的成员:用两个小句来分别编码行为事件和目的事件,可以将事件的细节展示出来;目的标记标明了"行为—目的"关系,带标记的那个小句是目的小句,另一个不带标记的小句是行为小句;同时目的标记还使目的小句失去自立性,使其必须依赖于行为小句而使用,从而使两个小句结合为更大的主从复句。这些都使目的复句能最大限度地区别于其他语义范畴的原型成员。

带目的标记的单句和目的复句一样,都以显性的目的标记来标明目的关系。但是,介词类标记可以引介名词短语,如(21a)所示,这个名词短语通常只表达目的物,而不像目的从句那样表达包含目的物在内的整个目的事件,因此不能全面地表现出"状态变化"的语义特征。此外,目的复句中,目的从句既能前置于主句,也能后置于主句,并且以后置为主〔相关统计数据见尹洪波(2011)〕。后置的目的从句虽然在句法上是从属于主句的,但在语义上却是表达的重点,对前面主句中的行为起解释说明的作用,往往承载着新信息。相反,由介词类标记引介的目的成分可以前置或内嵌于行为小句,但无法后置,它们充当行为小句谓语动词的状语,为其提供修饰性的附加信息,实际上是背景化了,这样就减弱了"'行为—目的'关系"的语义特征。还有一些情态动词,可以将目的复句中的行为小句和目的小句配置为单句的两个句法成分,如(47a—b)所示,虽然目的标记"免得"在单句中得以保留,但(47b)更主要的是表达"话题—说明"关系,其中的"行为—目的"关系已经不明显了。

(47) a. 驾车回家,免得去挤公交车。

　　　b. 驾车回家,可以免得去挤公交车。

无标记目的句在形式上没有显性的目的标记,因此"行为—目的"关系是蕴含在语境中的。连动句中,前后两个动词短语也不是只有"行为—目的"关系这一种理解,还可以理解为其他的语义关系。例如"张三跪下来求我"就至少表达了四种语义关系:时序关系("张三先跪下来,然后求我"),"行为—目的"关系("张三跪下来,是为了求我"),"方式—行为"关系("张三以跪下来的方式求我")和因果关系("张三之所以跪下来,是因为求我")。这是"词语之间语义结构关系的多重性"(陆俭明,2010)现象的一种表现。值得注意的是,可能正是由于连动句在语义关系表达上的多义性和不精确性,无论是汉语还是上面提到的三种东南亚语言〔见(30—32)例〕中,连动句都不是表达目的范畴最主要的语法形式。Schmidtke-Bode(2009:104)指出,这三种东南亚语言都"至少还有另外一种结构用来显性地标示目的义,使之明确地表达出来"。

紧缩目的复句也同样具有表达多种语义关系的可能性,例如"你买啤酒我喝",可以理解为时序关系("你先买啤酒,然后我喝"),目的关系("你买啤酒以便我喝"),因果关系("因为你买啤酒,所以我喝"),条件关系("如果你买啤酒,我就喝"),以及并列或对举关系("一方面你买啤酒,另一方面我喝啤酒")。当然,在实际话语中,说话人如果明确要凸显哪种语义关系,就会有意识地加上相应的形式标志,以便听话人只能按一种语义关系去理解,准确获取说话人表达的信息。因此,无标记目的句也弱化了"'行为—目的'关系"的语义特征。

动宾目的式中,目的义是通过表行为义的动词所支配的宾语论元表达出来的。也就是说,只表达了目的物,而非整个目的事件,因此"状态变化"的语义特征就不明显了。同时,在句法形式上,目的宾语和受事宾语很像,尽管它在语义角色上并不是受事。因此,人们很容易淡化甚至忽略动词与目的宾语之间的"行为—目的"关系,而将其与"动—受"关系等同起来。这可以通过目的宾语与受事宾语一系列平行的句法特征来说明。例如,二者都可以变换为受事主语句（"票排到了／菜洗好了"），都可以变换为"把"字句（"把票排到了／把菜洗好了"），都可以受数量短语的修饰（"排了两张票／洗了两斤菜"），都可以对宾语进行关系化（"排的是票／洗的是菜"），等等。因此，学界以往都以能否将动宾短语转换为"为了"类目的句作为区别目的宾语和受事宾语的重要标准（"为了票而排／*为了菜而洗"）。此外，动宾目的式还可以在一定程度上违反"非现实"的语义特征（详见第七章 7.2 节）。我们可以说"张三要考研究生"，也可以说"张三考上了研究生"，前者的目的在说话时间是非现实的，后者的目的在说话时间是现实的。如果用目的复句（"张三考试，是为了成为研究生"）或带目的标记的单句（"张三为了成为研究生而考试"）来表达，那么目的在说话时间都是非现实的。

综上，目的范畴的四种语法形式中，目的复句是最具原型性的，其他三种形式都不同程度地偏离了这个原型成员，相对减弱了对目的语义特征的表达。其中，动宾目的式是原型性最弱的成员。我们可以根据原型性的强弱程度，将这四种语法形式排出（48）这个等级序列，越靠近左边的语法形式原型性越强。

（48）目的复句＞带目的标记的单句＞无标记目的句＞动宾目的式

此外，还可以看到，(48)不仅是一个原型性强弱的等级序列，还是一个整合度高低的等级序列。Hopper 和 Traugott(2003：177)指出："从演化和语言习得的观点来看，复杂句的最初形成，应该是将两个独立、自主且又相互关联的核心①组合为一个整合的(integrated)结构。"然而，复杂句的形成还只是整合的起点，复杂句中的两个小句，会继续"因为其中一两个动词的语法化而合并为一个带有一套语法关系的单一小句"(Haboud, 1997：203)。目的范畴的语法形式在整合度上也有不同的表现。

目的情景包括行为和目的两个事件，因此最适宜用两个小句来

---

① 这里的"核心"是指能够独立存在的小句。

编码。目的复句就是如此,其中的两个小句具有一定的自主性,如(49a)所示,如果不考虑目的标记"以便"以及相同论元承前省略的情况,可以把两个小句单独拿出来,都是完整、独立的单句(49b—c)。不过,恰恰是目的标记和论元省略,使目的小句不再独立,并从属于行为小句,二者整合为一个主从复杂句。

(49) a. 他去天山,是为了采灵芝。

　　 b. 他去天山。

　　 c. (他)采灵芝。

带目的标记的单句在整合度上要高于目的复句,因为目的复句要用两个小句来表达目的关系,而带目的标记的单句只有一个小句。整合度越高,结构也变得越紧密。目的复句(49a)中游离于主句之外的目的从句,在单句(50)中成了内嵌于主谓之间的状语。还有一种情况是将整个目的复句嵌入另一个单句充当其中的宾语论元,如(51)所示。

(50) 他为了采灵芝而去天山。

(51) 我知道他去天山是为了采灵芝。

无标记目的句的整合度比带目的标记的单句还高。如(52)所示,带目的标记的单句中表达目的的介宾短语在语序上还有一定的灵活性,既可以做内嵌状语(52a),也可以做外围状语(52b)。但是,目的连动句(53)和紧缩目的复句(54)的语序都是固定的。此外,目的连动句(53)中的两个VP还共享情态、否定等标记,如"他可能去天山采灵芝""他没去天山采灵芝"等,"可能"和"没"虽然加在第一个VP上,但其辖域都是两个VP,这也表明两个VP已经被整合成了一个谓语。

(52) a. 他为了灵芝去天山。

　　 b. 为了灵芝,他去天山。

(53) 他去天山采灵芝。

(54) 你把灵芝炖好我尝尝味道。

动宾目的式是整合程度最高的,将目的关系放到一个VP中来表达,而其他三种语法形式一般都需要两个 VP,或者是像(52)那样一个 VP 附加一个介宾短语,而动宾目的式无须附加任何的介宾短语。动宾目的式是在连动式的基础上进一步整合的结果(详见第七章),其特点是连动式的前一个 VP 只取动词省去宾语(如果是不及物动词则没有宾语),后一个 VP 省去动词只取宾语,再将它们整合为一个动宾结构。以(41)中的"灌老鼠"为例,其整合过程如下:

　　(55) 灌水抓老鼠→灌(水)+(抓)老鼠→灌老鼠

　　因此,如果将(48)作为整合度高低的等级序列来看,是越靠近左边的形式整合度越低,这和原型性强弱的等级序列方向相反。

3.6　小　　　结

　　本章在第二章研究的基础上,以目的范畴的语义特征作为判断标准,发现现代汉语中主要有四种表达目的范畴的语法形式,分别是:目的复句、带目的标记的单句、无标记目的句和动宾目的式。其中,无标记目的句又包括目的连动句和紧缩目的复句两类。这四种表达形式在原型性的强弱和整合度的高低上有不同的表现。就原型性而言,目的复句最强、带目的标记的单句次之,无标记目的句再次之,动宾目的式最弱。整合度则刚好相反,动宾目的式最高,无标记目的句次之,带目的标记的单句再次之,目的复句最低。

　　长期以来,汉语学界对"目的句"的研究〔如黎锦熙、刘世儒(1962)等〕一直局限于复句之内。这是有深刻的历史原因的,而且还牵扯到以往对单句和复句进行分类时所持的双重标准的问题。在对单句进行分类时,向来习惯于从句子结构类型的角度来入手。①相反,在对复句进行分类时,向来习惯于从分句之间语义关系的角度来入手。因为各个分句的结构类型可以完全不同,无法从句型的

---

　　①　句式是对某些在结构上有特点的句子的概括,句类则是从语气类型的角度给句子所作的分类,它们都不仅适用于单句,也适用于复句。

角度对整个复句加以定性,所以只能依照语义关系上的差别来分类。对于能够很好地从句型角度来分类的单句,传统语法家很少会从语义表达的角度对其进行分类。只有吕叔湘(1982[1942、1944])等少数学者将表达目的关系的语法形式放在一起来讨论,无论是单句还是复句。

　　从类型学角度来看,"只就复句谈目的"的做法很不利于我们进行跨语言的比较研究,也不利于我们对中国境内的汉语方言和少数民族语言中的相关项目展开调查。因为目的关系可能为全人类或绝大多数民族所共有,但它是否以特定的语法形式表达出来,以怎样的语法手段表达出来,在不同的语言中往往是各异的,即使在同一种语言中也可能存在多种表达目的范畴的语法形式。因此,从语义出发去寻找目的关系在不同语言中的语法形式是一种比较好的做法。

第四章　目的标记语源模式的类型学观照

Hopper 和 Traugott(2003：184)指出："世界语言在将小句连接为更紧密的混合形式时,所采用的技巧呈现出广泛的多样性。这些技巧涵盖的范围包括从与词汇项无法区分的形式和表达手段,……到表示其来源已完全不为人所知的从属关系的词缀。"语言学中,一般将这些在小句之间起连接作用的各种语法形式统称为"小句连接标记"(clause linkage marker)。对许多语言来说,小句连接标记不仅是小句间的联系项(relator),而且还标明了所连接小句间的语义关系。在共时层面上,小句连接标记往往是区分不同语义类型的主从复杂句的重要(甚至是唯一的)标志。从历时的角度看,小句连接标记的形成过程也伴随着其语义演变的过程。自 20 世纪 80 年代以来,随着历史句法学与语言类型学的不断结合,在跨语言的背景下研究小句连接标记的语义演变过程,并概括出一些具有普遍性的演变模式,已经成为类型学研究中一个颇受关注的课题。

就目的小句连接标记(以下简称为"目的标记")的研究而言,Haspelmath(1989)较早地从类型学的角度讨论了目的标记的形成、演变,以及目的小句的演化等问题。Heine 和 Kuteva(2002：335)在世界语言范围内归纳出了目的标记的八个语源概念,分别是:向格(allative)、受益(benefactive)、"来(到)"(come to)、标句词(complementizer)、"给"(give)、"去(到)"(go to)、"事情"(matter)和"说"(say)。Kuteva 等(2019：486)又在此基础上增加了意图(B-necessity〔intention〕)和义务(D-necessity〔obligation〕)两个语源概念。Schmidtke-Bode(2009：187-198)也系统地研究了不同语言中目的标记的语义演变路径等问题。这些跨语言的研究都表明,人类语言中的目的标记在语源模式(source model)上具有一些显著的相似性。

在汉语复杂句中,目的标记是唯一显性地表达出小句之间目的关系的语法形式。但是,系统研究汉语目的标记语源模式的成果还很少见到,而国外学者的一些研究(如 Haspelmath,1989;Schmidtke-Bode,2009:187-198;Kuteva 等,2019 等)又很少涉及汉语中的现象。因此,我们有必要在类型学的框架下对汉语目的标记的语源模式加以审视,这也能从一个侧面揭示出汉语目的复杂句是如何发展而来的。本章主要讨论的问题是:汉语目的标记的语义演变路径和演变机制是怎样的,同时又经历了哪些句法上的变化;在跨语言比较的背景下,汉语目的标记的语源模式展现了哪些类型或个性特征。

4.1　从语源概念看目的标记的形成

现代汉语中常用的目的标记主要有"好""借以""来""免得""去""是为了""省得""为""为了""为的是""为着""起见""以便""以防""以""以免""以图""以期""用来""用以""旨在"等二十一个(参看王凤兰,2008b:13,2011;韩明珠,2016:50-51 等),它们在词类归属上并不相同,有的兼有不同的词类属性,例如"为了"兼有介词和连词的属性,还有的正在成为目的连词的过程中,例如"来"和"去"正在由动词向连词演化,还不能算是严格意义上目的连词。我们将它们统称为目的标记,主要是因为它们具有共同的语义特征——表明小句间的目的关系,同时"标记"一词也规避了对处于语法化中间阶段的形式进行定性的困难。这些目的标记产生于不同的历史阶段,所经历的演变过程也不尽相同。下面将从语源概念入手,对各类目的标记的形成过程做简单的勾勒。

4.1.1　受益

"为""为了""为着""是为了"和"为的是"等的语源概念都是"受

益"。前三者均来源于表示"引进行为受益者"的介词"为"。例如：

（1）吴公子札来聘，请观于周乐，使工为之歌《周南》《召南》。（《左传·襄公二十九年》）

随着受益者的生命度不断降低，由人发展到无生命的事物，介词"为"引进的对象也就由"受益者"变成了"行为的目的"。例如：

（2）故君为社稷死，则死之；为社稷亡，则亡之。（《左传·襄公二十五年》）

（2）中"为"引介的是事物是"社稷"，它是行为"死"和"亡"的目的。

当"为"所引介的内容进一步由事物扩展到了事件，就给"为"变成目的连词提供了句法条件。实际上，在《左传》中已经出现了"为"后带动词的情况。例如：

（3）三月，郑简公卒，将为葬除，及游氏之庙，将毁焉。（《左传·昭公十二年》）

（3）中"为葬除"的意思是"为安葬（郑简公）而清除（道路）"。也就是说，"为"在这里的作用是将"葬"标记为"除"的目的。

到了近代汉语中，介词"为"后面引导的目的成分在形式上已经以小句为主了，此时的"为"就可以分析为目的连词了。例如：

（4）为求至理参寻，不惮寒暑辛苦。（《景德传灯录》卷三十）

"为了"和"为着"是明末清初由引进受益者的介词"为"加体标记"了"和"着"而形成的（赵春利、金恩柱，2008）。例如：

（5）小生拼得受岳丈些罪责，为了娘子，也是甘心的。（《二刻拍案惊奇》卷二十二）

（6）俺这梅花观，为着杜小姐而建。（《牡丹亭》第三十三出秘议）

介词后面能带体标记，是语法化渐进性的结果，"一些动源前置词即使已成为真正的介词，仍可能保留部分动词属性"（刘丹青，2003：154）。随着语法化程度的加深，介词本身所保留的动词性不断减弱直至消失，"了"和"着"也随之失去了体标记的功能，因而"为了"和"为着"也逐渐凝固为标记目的语义关系（以下简称"目的义"）

的双音节介词,完成了词汇化。后来,"为了""为着"又重新走了一遍目的介词"为"的语法化路径:后面引介的成分由名词短语扩展到小句,"为了""为着"也就由介词衍生出了目的连词的功能。例如:

(7) 为了逛窑姐儿,先捐一个功名,也未免过于张致了。(《二十年目睹之怪现状》第七十五回)

(8) 齐巧这位抚台乃是最讲究这些过节的,现在为着要银子赈济,不能不仰仗于他。(《官场现形记》第三十四回)

清末民初,还出现了跨出结构"是为了"和"为的是",它们位于两个小句之间,在用法上相当于目的连词。例如:

(9) 我今天邀请各位贵客饮酒,是为了吴公子戒赌。(《清朝秘史》卷十一)

(10) 现在大兵前来,为的是代百姓除害。(《七剑十三侠》第九十四回)

(9)(10)两例中的"为"都是表示"以……为目的"的动词,如(11)所示,它是由表示"使……受益"的同形动词发展而来的,如(12)所示。

(11) 见世人都是为名为利之徒,更无一个为身命者。(《西游记》第一回)

(12) 虽是不得中道,却都是为己,不为他人。(《朱子语类》卷六十一)

现代汉语中的"是为了"和"为的是"都是正在连词化的目的标记。尽管周刚(2000:11,22-23)等将它们作为目的连词来对待,但它们依然具有跨层结构的性质。"……,是为了……"实际上可以分析为一个单句,"是"前面的小句充当系动词"是"的主语,而"为了……"则充当"是"的宾语。有时候也可以在"是"前加上指示词"这"或指示词短语"这么做""这样做"等来回指前面小句的内容,特别是在前面小句比较长的时候,如(13)所示。"是为了"的这些句法表现和"是因为"是平行的。"为的是……"中,"为的"可以分析成是动词"为"加上"的"构成的短语,用来转指后面的小句,"是"也是系动词,表示

"为的"转指的内容与"是"后面小句的内容是等同的。

（13）罗伦斯先从收下的现金当中，拿出二十卢米欧尼交给了叶克柏，这是为了乞求叶克柏原谅他引起这次的骚动。

4.1.2　位移

"来"和"去"的语源概念都是"位移"。赵元任（Chao，1968：339－340）指出：在表示手段和目的的连动结构中间，有时候会插入一个"来"或"去"（较少），构成链式连动结构，例如"倒碗茶来喝""打水去洗澡"等。这种"来""去"实际上是助词，表示目的，就像英语动词不定式中的 to 一样。① 与此不同的是，《现代汉语词典》（第 7 版）将表目的义的"来"和"去"看作动词，释义和例句如下：

来：动词，用在动词结构（或介词结构）与动词（或动词结构）之间，表示前者是方法、方向或态度，后者是目的：他摘了一个荷叶来当雨伞。（中国社会科学院语言研究所词典编辑室，2016：772）

去：动词，用在动词结构（或介词结构）与动词（或动词结构）之间，表示前者是后者的方法、方向或态度，后者是前者的目的：提了一桶水去浇花。（中国社会科学院语言研究所词典编辑室，2016：1080）

学界对"来""去"词类属性的不同看法②，可以说明两点：一是它们正处于语法化的中间状态，其目的标记的功能来源于位移动词，例如"他明天来／去北京"；二是它们的语法化环境都是链式连动结构"VP$_1$＋来／去＋VP$_2$"。③

---

① 有学者认为"现代汉语的'去'用在'VP 去'格式中表示目的"，并援引了吕叔湘（1999：456）的例子"咱们看电影去"和"他上街买东西去了"来说明〔见海涅、库特夫（2012：224）的附注〕。但实际上吕叔湘（1999：456）的原文并没有说例子中的"去"表示目的，而是说"动词表示去的目的"。

② 李小军（2021：235）将"来"视为目的格介词，但这种看法有悖于汉语介词的语法功能，因为汉语介词后面只能带 NP、不能带 VP，而表目的义的"来"后面带的是 VP。

③ 明清时期还有"把／将 NP 来 VP"结构，例如："把这庆哥来哄得醉了"（《续金瓶梅》第四十九回），这里的"来"也表目的义。根据张赪（2019）的研究，这类结构最初也是链式连动结构"VP$_1$＋来＋VP$_2$"，其中 VP$_1$ 是"把／将 NP"，表示持拿某物，而"来"表示 VP$_2$ 是 VP$_1$ 的目的。由于"把／将"同时也是处置标记，所以后来整个结构被重新分析为处置结构，因此就出现了处置结构中有表目的义的"来"的现象。

至于"来"和"去"是如何产生目的标记功能的,目前来看,有两种可能的解释方案:

第一种是"位移→目的"。位移动词"来/去"都有朝某个目的地发生位移的语义,而且其后表示目的地的方所宾语经常可以省略,如(14a)所示。由于"来/去"直接和其后的"看戏"相连,说话人就很容易将"看戏"隐喻为"来"的目的地来理解,也就是建立起了"来"和"看戏"之间的目的关系。同样,处于链式连动结构中间段的"来/去+NP"也可以省略其方所宾语,如(14b)所示。(14b)可以理解为两个互相衔接的目的关系,即"来"是"提了一桶水"的目的,同时"浇花"又是"来"的目的。由于"来"后省略了方所宾语,其位移义会逐渐减弱甚至消失,这样"提了一桶水"和"浇花"就直接建立起了目的关系,而"来/去"只在中间起连接作用,因此被说话人重新分析为引导其后表目的的 VP 的标记了。

(14) a. 我来/去(剧院)看戏。

　　 b. 我提了一桶水来/去(阳台)浇花。

第二种是"位移→获得→目的"。张姜知(2008)指出,现代汉语中"来"的中心义项是"从别的地方向说话人所在地方的移动",即有"向自己方向性"的语义特征。由此隐喻出"使……到来,招致"的义项,于是"来"就有了"获得"的语义特征。虽然张姜知(2008)没有提到表目义的"来",但获得义和目的义之间的语义关联是很容易建立的:目的就是行为施动者想要获得的预期结果。例如:

(15) 老板,来碗阳春面。

(16) 老板煮了碗阳春面来给我吃。

(15)中的"来"是获得义动词,不能删除,否则句子不合格。(16)中的"来"是获得义和目的义两可的,而且可以删除,句子依然合格。说话人将获得义的"来"插入连动结构中,表示施动者"老板"通过实施前一个行为"煮阳春面",获得了实现后一个行为"使我吃面"的可能。这样,"来"就具备了在前后两个动词短语之间建立起目的关系的功能。也就是说,"VP₁+来+VP₂"的句法环境使"来"

的获得义引申出目的义。

随着"来"的目的义增强,它的句法分布也由连动结构扩展到了两个小句之间。这样,"来"就发展出了目的标记的功能。例如:

(17)我国工人阶级也要虚心学习各国工人阶级的斗争经验,学习他们的先进科学技术,来加快实现我国的四个现代化。(邓小平《工人阶级要为实现四个现代化作出优异贡献》)

虽然删掉(17)中的"来",句子依然成立,但是,如果没有"来",其前后小句间的目的关系就不明显了,听话人会更自然地将"学习科学技术"和"实现四个现代化"理解为事件先后发生的时间关系。

沈家煊(2016:4-5)指出:评价理论假设的标准主要是两条:自洽和简洁。"自洽是指不能自相矛盾,不能循环论证,简洁就是不要过分的复杂,能简就简……覆盖同样多的事实,相对简洁的体系好,因为它更周到。"以这两条标准来衡量,显然第一种方案更好。位移义直接和目的义相关联,不必经过中间的获得义环节,这样更简洁。另外,第一种方案能够覆盖"来"和"去"二者的语言事实,但第二种方案只适用于"来",因为"去"并没有发展出获得义。如果采用第二种方案的话,只能给"去"再设置另外的解释,比如受"来"表目的义的影响,"去"也类推出目的义等,这就使方案显得更为复杂和繁琐。

4.1.3　凭借

"以""借以""用来"和"用以"的语源概念都是"凭借"。"以"在先秦时期就已经是一个目的连词了,如(18)所示,这一用法一直保留到了现代汉语中,如(19)所示。

(18)修己以安百姓。(《论语·宪问》)

(19)双方同意扩大两国航空合作,逐步推进航空自由化,以适应两国间人员往来迅速增长的需求。(《人民日报》2003年7月9日)

目的连词"以"来源于同形的凭借介词"以"(郭锡良,1998),如(20)所示。上古汉语允许"介词悬空"(参看郭锐,2009),"以"也是如此,其后宾语可以不出现,如(21)所示,"以告"就是"以之告"省略了"以"的宾语"之"。

（20）子路从而后，遇丈人，以杖荷蓧。（《论语·微子》）

（21）明日，子路行，以告。（《论语·微子》）

当凭借介词"以"宾语悬空且处于两个 VP 之间时，就具备了成为目的连词的可能性。"VP₁＋以＋VP₂"的意思是"凭借 VP₁ 来实现VP₂"，(18)中的"修己以安百姓"就是如此，可以变换为"修己以之安百姓"或"以修己安百姓"。也就是说，VP₁ 和 VP₂ 之间本来就存在着目的关系，而目的关系是通过凭借介词"以"来突显的（比较："修己安百姓"）。由于"以"的宾语不出现，其作为介词的功能也会逐渐弱化，而两个 VP 之间的位置，又是连词的典型句法环境。这种用例增多之后，说话人就会逐渐忘记"以"原先的介词功能，而只看到它连接两个具有目的关系的小句的功能，最终将"以"重新分析为目的连词。

"借以""用来""用以"都是正在形成过程中的目的标记，学界对它们是否已经词汇化以及所属词类的观点也不一致。比如，王凤兰(2008：13)认为它们是动词而不是连词。储泽祥、曹跃香(2005)认为"用来"既不是词，也不是短语，而是一个固化的结构体，它进一步的发展方向是成为一个词。但是，张谊生(2010)却认为"用来"已经基本凝固成词，而且还衍生出了目的连词的用法。张萍(2015)认为"借以"主要表示目的，与"以""以便"等连词功能极其相近；但也有与关联功能没有任何联系的副词用法，例如"英特尔发布 Corei 7 处理器欲借以强渡难关"。

"借"和"用"都是凭借义动词，"以"是目的连词，"来"是准目的连词，或者说是具有目的标记功能的动词。由于经常共现，原先的跨层结构就逐渐凝固并开始词汇化，向一个双音节动词的方向发展。例如：

（22）利润是国有资产所有权借以实现的经济形式。（《人民日报》1993 年）

（23）草原上种植的玉米，大部分用来饲养牛羊。（《中国少年儿童百科全书》）

（24）在这里,黑色链子用以表示光波的负半波长。（《21 世纪的牛顿力学》）

上述三例中的"借以""用来"和"用以"都是动词,表示"凭借某物来施行某种行为"。

在言语交际中,说话人往往需要交代所凭借的事物的背景信息,除了像（25）那样采用定语的形式（"草原上种植的玉米"）外,还可以采用小句的形式。以"用来"为例:

（25）最近美国还专门发射了一颗人造卫星,用来监测大气中的臭氧变化。（《中国少年儿童百科全书》）

这里"监测大气中的臭氧变化"这一行为所凭借的物体是"人造卫星",而不是"发射人造卫星"的行为。也就是说,"美国专门发射"是"人造卫星"的背景信息。在语义内容上,（25）中后一小句表达的是凭借前一小句中行为的结果来达成某种目的。这表明,"用来"所在的小句与前面小句间的语义关系已经由（23）这样的"话题—说明"关系转变为"行为—目的"关系了。

随着（25）这样的句子在现代汉语中高频使用,其中的"借以""用来""用以"等也逐渐地可以看作目的标记了。不过,这三个词现在的动词性还很强。例如（25）中"用来"的前面也可以加上副词"专门"等,但如果将"用来"换成目的连词"以便",就不能在前面添加副词了。

4.1.4　意图

"以图""以期""旨在"等的语源概念都是"意图"。"图"和"期"都是表"意图"义的动词,"旨"是表"意图"义的名词。

"以图"和"以期"的形成过程,都是先由目的连词"以"和意图义动词组成跨层结构,然后跨层结构再词汇化为双音节目的连词。[①]这里以"以期"为例来说明。"以期"成词的源结构是"VP$_1$（,）以VP$_2$"（刘红妮,2009）。例如:

---

① 有学者认为"以 X"类目的连词源于宾语悬空的介词短语"以（）"与 V 构成的状中结构,但实际上,"以 X"类目的连词是来源于目的连词"以"与 V 构成的跨层结构,与介词"以"无关。（详见刘红妮,2009）

（26）不恤是非，不论曲直，以期胜人为意，是役夫之知也。（《荀子·性恶篇》）

到了唐宋时期，动词"期"后面的宾语开始以动词短语为主。例如：

（27）擢进士，未遂其志，尝谒一受知朝士者，希为改名，以期亨达。（《北梦琐言》卷三）

此时的"以期"正处于成词的过渡阶段。像（27）中的"以期亨达"，在句法上既可以分析为[以$_{VP}$[期亨达]]，也可以分析为[以期$_{VP}$[亨达]]。

到了明代，"以期"已基本完成词汇化并凝固下来，其后的成分也以小句为主。这样的"以期"可以看作是一个成熟的目的连词了。例如：

（28）尔等功名富贵，全始全终，以期青史垂名不朽。（《禅真逸史》第三十六回）

刘红妮（2009）认为，"以期"发生词汇化，是由于目的连词"以"的语义功能弱、信息量降低，因而需要更具体的词项"期"来强化，从而使目的义更为明确显豁。这一观点有待商榷。毕竟"以"的目的连词用法没有消失在历史长河中，而是一直保留到现在，如（19）所示。而且，"以期"的意思基本上与"以"相当，而不是与"期"相当，"期"（包括"图"）也没有发展出目的连词的用法，可见，在词汇化的过程中，实际上是"期"的语义在减弱。这样就很难说是"以"的语义功能弱或信息量低了。我们认为，从汉语发展史的角度看，"以 X"类双音目的连词的成批出现，最根本的原因是汉语词汇双音化趋势的推动。双音化趋势导致两个高频紧邻出现的单音节词有可能经过停顿转移和音步重组而使其间的词汇边界削弱或丧失，进而复合成一个韵律词（冯胜利，1996）。原本单音节的目的连词"以"在双音化过程中与其后高频共现的动词"期""图"等复合成新的词，尽管"期""图"等本身的动词功能消失了，但其意图义被融合进了"以"的目的义中并成为新的双音词的词义，所以"以期""以图"所标记的事件都是施动者希望发生的。与之相反的是，"以免"等将动词"免"的免除义融入目的义中,所以只能标记施动者不希望发生的事件。

　　"旨在"是一个正在形成过程中的目的标记。"旨"是名词,一般用来表示上文中所提到的某个人或某个事件的意图。例如:

　　(29)此次推广会旨在促进海峡两岸经贸关系的进一步发展。(新华社 2004 年新闻稿)

　　这里的"旨"表示"此次推广会的意图","在"是动词。"旨在"原本是一个跨层结构,但已经发生词汇化,是一个双音节动词,其功能是充当句子(29)的谓语核心。

　　当"旨在"用于两个小句之间起连接功能时,它就可以分析为目的标记了,表示前一个小句的目的是后一个小句。例如:

　　(30)孟加拉国、印度、缅甸、斯里兰卡和泰国在 1997 年签订协议成立了五国经济合作组织,旨在促进南亚和东南亚之间的经贸合作。(新华社 2004 年新闻稿)

　　(30)中的"旨在"可以替换为"以便",前后小句间的语义关系不变,而(29)中的"旨在"是不能替换为"以便"的。

　　4.1.5　容易

　　"好"和"以便"的语源概念是"容易"。"好"来源于表"容易"义的助动词"好",助动词"好"则是由表示"优点多,使人满意的"的性质形容词发展而来的。助动词"好"在唐宋时期较为常见。例如:

　　(31)有人举似师,师云:"泉州葛布,好造汗衫。"(《祖堂集》卷十一)

　　从句法位置上看,当助动词"好"出现在两个小句中后一小句的句首时,它就具备了向连词转化的句法条件。因为小句之间正是连词出现的典型环境。同时,"说话者主观认定的前后小句之间的'目的'关系的存在"(李晋霞,2005)也为助动词"好"演变为目的连词提供了语义条件。

　　表示目的义的"好"在唐宋时期已经初露端倪。例如:

　　(32)曾想此本新编传,好伏侍您聪明英姿,有头尾结末刘知远。(《刘知远诸宫调》)

（32）中的"好"既可以理解为"容易"，也可以理解为"以便"，是介于两者之间的一种情形。

到了明代，目的连词"好"就已经比较常见了。例如：

（33）二童道："师父的故人是谁？望说与弟子，好接待。"（《西游记》第二十四回）

"以便"的语源概念也是"容易"。"以便"的形成过程和"以期""以图"一样，都是目的连词"以"和动词所构成的跨层结构进行词汇化的结果。"便"最初是动词，表示"使容易、使便利"的意思，后面跟名词性成分。例如：

（34）故圣王作为舟车，以便民之事。（《墨子·辞过》）

（34）中的"以"是目的连词，连接前后面两个小句。"以便民之事"的句法结构是［以［便民之事］］，而不是 *［以便［民之事］］。也就是说，这里的"以便"是跨层结构，不是连词。

后来在汉语词汇双音化的趋势下，"以"和"便"这两个高频紧邻出现的单音词逐渐复合，"便"的动词功能也慢慢消失。明代以后，"以便"已经是一个成熟的目的连词了。例如：

（35）你便结识了他们，以便就中取事。（《初刻拍案惊奇》卷三十四）

（35）中的"以便就中取事"只能分析为［以便［就中取事］］，不能分析为 *［以［便就中取事］］。

4.1.6　思考

"起见"的语源概念是"思考"。史金生（2006）考察了"起见"的语法化，并将其演化路径概括为"思考义动词＞目的义后置词"。"起见"最早出现在五代时期，例如：

（36）师代云："白裹肚，著皂袄。此意者起见是明，故云白；不起见者是暗，故云墨。"（《祖堂集》卷八）

这里的"起"是动词，表示"产生、发生"的意思，"见"是名词，表示"见解、见识"的意思。"起见"构成的是动宾短语，表示"产生见解、想法"的意思。到明代之后，动宾短语"起见"逐渐凝固为一个动宾式的复合动词。

　　动词"起见"经常用于"为 X"等介宾短语之后,在这种环境中,"见"的意义逐渐泛化,"起见"也由"产生见解、想法"发展为"考虑、着想"的意思。例如:

　　(37)郭之初意在挤嵩而自求富贵,本非为宗社起见。(《万历野获编》卷二十)

　　(37)中的介词短语"为宗社"充当动词"起见"的修饰语,二者构成状中结构,介词"为"的功能是引介"起见"的对象。

　　史金生(2006)认为,"为 X 起见"这样的结构整体上具有目的的意义,因此人们根据语用推理推导出"起见"也隐含着目的义。这种推导反复进行,使隐含的目的义逐渐固化,而"起见"的思考义也逐渐弱化直至消失。失去动词义的"起见"不再作为状中结构的语义中心,原先的状中结构也随之瓦解,最终,"起见"被重新分析为目的义后置词,它和前置词"为"一起构成表目的义的框式结构"为 X 起见"。例如:

　　(38)末将为除盗安民起见,领兵去剿。(《野叟曝言》第八十八回)

　　对此,我们有两点需要补充:

　　第一,状中结构"为 X 起见"本身并没有目的义。其中的"为"也不是目的义介词,而是引介受益者的介词。例如:

　　(39)他在轿子里想的又是甚的主意?原来他正为他臂上那点"守宫砂"起见。(《儿女英雄传》第二十八回)

　　(39)这个例子很典型,前一句问"想的又是甚的主意",后一句答"为……起见",两相对照,"起见"的思考义非常明显,而没有目的义。这种只表思考义的"起见"在清代小说中也有不少用例。

　　只有当状中结构"为 X 起见"表达的内容与另一个小句表达的行为之间存在因果关系时,才具备了解读为目的关系的可能性。例如:

　　(40)又何况人家现在立志出家,他也是为他的父母起见。(《儿女英雄传》第二十三回)

(40)的意思是因为"他为他的父母考虑",所以"他立志出家"。也就是说,"为 X 起见"表达的内容是前一个小句中行为发生的原因。在第二章的 2.3 节中,我们已详细探讨了目的范畴和因果范畴之间的关系,现将相关观点简要概述如下:虽然原因和目的都可以引发某个行为,但原因可以是现实的,也可以是非现实的,而目的只能是非现实的,所以目的可以看作是一种非现实的原因。状中结构"为 X 起见"表达的内容是一种想法,属于思维层面,是非现实的,当它作为原因来表达时,也是非现实的原因,这样就有可能被语言使用者理解为目的。

第二,当状中结构"为 X 起见"中的 X 是名词短语时,整个结构无法解读为目的义。将(38)和(40)两例进行对比,可以看到,(38)可以变换为"领兵去缴的目的是除盗安民",但(40)无法变换为"＊人家现在立志出家的目的是他的父母"。状中结构"为 X 起见"中的"为 X"是介宾短语,X 只能是名词短语,不能是动词短语;而目的具有事件属性,通常用动词短语来表达,不能用名词短语。(40)无法像(38)那样进行句式变换,原因就在于"为"后带的是名词"父母"。一旦说话人将特定语境中的状中结构"为 X 起见"当作目的来表达,X 就由名词短语变成了动词短语。一般来说,"语形的变化总是滞后于语义变化"(沈家煊,1994),但 X 的形式变化与"为 X 起见"的语义变化是同步发生的。如果 X 的形式不由名词短语变为动词短语,目的事件就缺乏赖以表达的形式,那么"为 X 起见"也无法从思考义变为目的义。当"为 VP 起见"被广泛使用之后,就固化为一种表达目的义的格式;然后整个格式的意义再被语用推理为是"起见"所表达的意义,这样只用"起见"不用"为"也能表达目的义。

现代汉语中,表思考义的"起见"已经不存在了,表目的义的"起见"一般都要和"为""为了"或"为着"等配合使用,如(41)—(43)所示。当然,也有单用"起见"表目的义的情况,但这类用例很少,如(44)所示。这表明"起见"在使用上特别依赖于"为 X 起见"结构,其语法化的程度还比较低,目的义也尚未成为其独立表达的义项。

（41）为防患未然起见，未结婚的先生不得做女学生的导师。（钱锺书《围城》）

（42）1920年以后，好莱坞为了打倒它的竞争者起见，大量吸收外国籍的优秀导演和演员前往美国。（《世界电影史》）

（43）为着交换对于目前文艺运动各方面问题的意见起见，特定于五月二日下午一时半在杨家岭办公厅楼下会议室内开座谈会，敬希届时出席为盼。（《作家文摘》1993年）

（44）大家维持场面起见，只有债权人不和他要债，股东不退股，甚至于还加些股本进去。（张恨水《金粉世家》）

4.1.7　避免

"免得""省得""以防""以免"等都表达人们不希望实现的预期结果，被称为消极目的标记，它们的语源概念是"避免"。

"免得"和"省得"最初是由表示"避免"义的动词"免"或"省"和表示"动作实现"义的动词"得"组成的动补结构。其中，"得"是前面动词的补语，表示"动作或结果的实现"（杜轶，2006：115-116）。动补结构"V得"逐渐凝固为一个动补式复合词，后面还能带VP作为其宾语，构成动宾结构。例如：

（45）罗汉和尚拈问僧："当此之时，作摩生免得被他喝出？"（《祖堂集》卷十七）

（46）省得一朝疲造请，却教终日走长途。（[北宋]杨万里《壬寅岁朝发石塔寺》）

当动宾结构"免得VP"和"省得VP"用在未然语境中时，就可以表示"避免某种可能发生的行为"的意思（席嘉，2010：347）。如果这种"避免……"的意愿是通过前面小句中的行为来实现的话，两者就构成了目的关系。例如：

（47）使人行三年丧，庶几生子少，免得人多为乱之意。（《朱子语类》卷三十五）

目的只存在于说话人的思维中，是非现实的，这就与"得"所表示的"实现"义相矛盾了。因此在这种语境中，"得"的词汇义也逐渐消失,最终变成了"免得"和"省得"中的一个构成语素。当"免得"和"省得"主要用于连接两个小句时,就可以看作目的标记了。例如:

(48)把一块石头压在上面,省得他浮起来。([元]郑廷玉《后庭花》)

现代汉语中的"免得""省得"不是严格意义上的连词,还保留着动词的一些句法特征,比如前面可以加副词"也""倒"等来修饰。例如:

(49)他总是看着她的白辫梢,而且不敢和她多说话——免得自己说错了话,也免得教她为难。(老舍《四世同堂》)

(50)发为身外之物,剪了倒省得天天耗时费事去梳理。(陈忠实《白鹿原》)

"以免"和"以防"的形成过程和"以期""以图""以便"等一样,都是由"连词'以'+动词"的跨层结构词汇化为双音节目的连词。"以免"和"以防"的跨层结构早在先秦时就已经出现了。例如:

(51)请君若大子来,以免志父。(《左传·哀公十七年》)

(52)齐八政以防淫,一道德以同俗。(《礼记·王制》)

上述两例中,"以"都是目的连词,"防"和"免"是表示避免义的动词,动词后面带的是名词宾语。也就是说,"防"和"免"先和后面的名词组成动宾结构,再和目的连词"以"发生联系。特别是(52),前后小句的"以防淫"和"以同俗"对举出现,更能清晰地看出这一点。因为汉语中不存在"以同"这个词,所以"以同俗"只能分析为[以[同俗]],相应地,"以防淫"的结构也是[以[防淫]]。

后来,跨层结构"以+V"在双音化的趋势下逐渐词汇化为双音节目的连词,"免"和"防"的动词功能消失,成为双音词内部的构词语素,这样,"以免"和"以防"后面的成分就由名词短语转变为动词短语。到了清代,"以免"和"以防"已经是成熟的目的连词了,主要用来连接两个小句。例如:

(53)此刻且先请皇帝沐浴更衣,择一个洁净所在,暂时做了皇宫,禁止一切闲杂人等,不可叫他进来,以免时时惊驾。(《二十年目

睹之怪现状》第八十回)

　　(54)当下安营已定,又命众三军严加防守,以防贼军前来劫营。
(《七剑十三侠》第一五六回)

4.2　语义演变路径的跨语言比较

　　本节将在 4.1 节的基础上,结合 Heine 和 Kuteva(2002)、Schmidtke-
Bode(2009:187-198,2010)、Kuteva 等(2019)等研究成果,在跨语
言的背景下来考察"受益>目的""位移>目的""意图>目的""容易>
目的""避免>消极目的"等五条语义演变路径,对汉语和非汉语中
的情况进行比较,并做简要的分析,为进一步揭示出汉语目的标记
语源模式的类型和个性特征奠定基础。

　　就我们目前所掌握的文献来看,以"凭借"和"思考"为语源概念的
目的标记不见于其他语言,它们在世界语言中是十分罕见的,可以看
作是汉语目的标记语源模式的重要个性特征。"凭借>目的"和"思
考>目的"这两条演变路径之所以能在汉语中出现,与相关词项所
处的特定句法环境直接相关,这部分内容将在 4.3.2 节中进行讨论。

4.2.1　受益>目的

　　"受益>目的"的语义演变路径广泛地存在于世界语言之中。
有英语、保加利亚语、巴卡语(Baka)、雅基语(Yaqui)、复活节岛语
(Easter Island)等(以上参看 Heine 和 Kuteva,2002:55-57,Kuteva
等,2019:74-76),还有土耳其语、羌语、拉乌卡莱韦语(Lavukaleve)、
兰戈语(Lango)和恩朱卡语(Ndyuka)等(以上参看 Schmidtke-Bode,
2010)。以英语为例:

　　(55)a. I bought the mirror for Mary.

　　　　　(我为玛丽买了镜子。)

　　　　b. I bought the mirror for the bedroom.(引自 Heine 和
　　　　　　Kuteva,2002:55)

　　　　　(我为卧室买了镜子。)

英语中的 for 和汉语中的"为"很相似,都是由引进"受益者"的介词演变为引进"行为目的"的介词。不过,英语中的 for 没有像"为"那样继续语法化为目的连词。

有的语言还可以在表示"受益"的语素后面加上状语性后缀构成一个复杂标记,用作表目的义的状语性连词(adverbial conjunction)。以羌语为例:

(56) The：　　　　　　　　dzigu-χua-ṇi
　　　第三人称单数　　　　　钱-受益-状语性后缀
　　　ha-qə-ṇi　　　　　　　koŋtsuo-pə-k.
　　　指令语-去-状语性后缀　工作-做-去
　　　为了钱,他去工作。(引自 LaPolla,2003：240)

汉语目的连词"为了"和"为着"是由引进"受益者"的介词"为"后附体标记而形成的,而"了"和"着"也被看成是动词后缀(朱德熙,1982：68-72)。(56)这个羌语的例子表明,表受益的语素加后缀构成目的标记的形态手段并非汉语所独有。

4.2.2　位移＞目的

在世界语言中,位移动词"来"和"去"都有演化为目的标记的例子。因此,Heine 和 Kuteva(2002：78-79,163-165)和 Kuteva 等(2019：106-107,217-218)没有列"位移＞目的"的语义演变路径,而将其分别表述为"来(到)＞目的"和"去(到)＞目的"。汉语中的"来"和"去"也都发展出了目的标记的功能。

普通语言学中,还有一个与位移有关的概念,就是向格(allative)。向格在"语法描写中用来指一类屈折形态,表达的是'向'或'朝'某处运动的意思"(Crystal,2008：19-20)。虽然都表示"向某处运动"的意思,但 Heine 和 Kuteva(2002：39-40)却严格区分其不同的表现形式,认为位移动词"来"和"去"等不是向格,只有像巴布亚新几内亚的伊蒙达语(Imonda)中的名词后缀-m 这样的成分才是向格。这个向格标记后来也演变为目的标记,这种语义演变路径就是"向格＞目的"。例如:

（57）tōtō　　　soh-m　　　　　　　　ka　　uagl-f.

　　　鱼　　　寻找-目的标记　　　我　　去--一般现在时

　　　为了找鱼,我现在去。（引自 Heine 和 Kuteva,2002:39）

　　然而,Schmidtke-Bode(2009:188)却不作这么细致的区分。他把"来(到)＞目的"和"去(到)＞目的"这两条语义演变路径也归入"向格＞目的"之中。李小军(2021:379)指出,上古汉语中的"于"由向格标记发展出了目的标记的功能,分别如(58)和(59)所示。不过,李小军(2021:380)对这一演变路径并不十分确定,由于向格标记"于"是表前往义的动词"于"语法化而来的,因此也存在前往义动词直接语法化为目的标记的可能,这样一来,就是"去(到)＞目的"的路径了。

　　（58）既修太原,至于岳阳。（《今文尚书·禹贡》）——向格

　　（59）予惟以尔庶邦于伐殷逋播臣。（《今文尚书·大诰》）——目的

　　除汉语以外,苗语(青苗方言)、阿本语(Abun)、萨波语(Sapo)、努语(N‖ng)等语言中也存在"来(到)＞目的"的语义演变路径;阿美莱语(Amele)、特波语(Tepo)、塞得泊语(Cedepo)、巴奎语(Bakwé)、绍纳语(Shona)、拉玛语(Rama)、恩巴卡马伯语(Ngbaka Ma'Bo)等语言中也存在"去(到)＞目的"的语义演变路径(Schmidtke-Bode,2009:188;Schmidtke-Bode,2010;Kuteva 等,2019:106,217-218)。

　　根据 Schmidtke-Bode(2010)的研究,不少语言中的目的标记(例如阿本语中的 wa 等)都经历了"向格＞受益＞目的"的语义演变路径。Kuteva 等(2019:106)也指出,目的可能不是直接来源于"来(到)",而是要经历受益的中间阶段。但是,汉语的例子提供了另一种可能性,即向格(或位移)可以直接演变为目的,因为"来""去"都是直接从位移动词演变为目的标记的,并没有受益标记的中间状态。柯理斯(Christine Lamarre)(个人通讯)认为,在"向格＞受益＞目的"的语义演变路径中,将受益看作目的标记的语源概念要比向格更为合适。只有像汉语中的"来""去"那样没有经历受益这一中

间阶段的目的标记,才是典型的以向格(或位移)为语源概念的。

4.2.3　意图＞目的

第二章2.2.1节指出,意图性是目的范畴最根本的语义特征。意图是目的意象图式的起点,为行为事件指定了方向。如果不是施动者有意图地发出的行为,是不能用来表达目的的关系的。因此,表意图义的语法形式也很容易演变为目的标记。Bybee等(1994:229)指出:"意图是最常提到的施事指向情态的(agent-oriented)用法,这种用法能促使目的表达形式的产生"。图阿雷格语(Tuareg)、蒂格雷语(Tigre)、古伽达语(Gugada)、阿布哈兹语(Abkhaz)、现代希腊语、雅加里亚语(Yagaria)等语言中都有源于表意图义的语法形式的目的标记(Bybee等,1994:229)。

雅加里亚语中有两个表目的义的动词后缀-ge' 和-me' /-ame' /-pe',虽然它们现在只能表目的义、没有意图义,但它们在使用时要和意图将来时的形式共现。-ge' 是意图将来时直陈动词的后缀,-me' /-ame' /-pe' 也是后缀,跟在意图将来时的人称—数标记后面(Renck, 1975:131 – 132)。例如:

(60) dote'na　　　　　　　eli-na

食物　　　　　　　　拿-第三人称单数

folo'ei-s-i-e-ge'

出现-意图将来时-第三人称单数-直陈-目的

hoya　　　　　　　　no'-el-i-e.

工作　　　　　　　　进行体-做-第三人称单数-直陈

他正在工作,是为了找到食物。(引自 Renck, 1975:131)

(61) yaga　　　　　　　　hae-s-u-pe'

动物　　　　　　　　射杀-意图将来时-第一人称复数-目的

yao-vi'　　　　　　　no'-u-n-e

森林-内在格　　　　进行体-去-第一人称复数-直陈

我们将要到森林里去,是为了打猎。(引自 Renck, 1975:132)

语法化程度更深的例子是蒂格雷语,该语言中由意图标记发展而来的目的义语法语素已经高度语法化,"在目的小句中不具备完整的意图义,目的小句只是为这个成分提供了一个和谐语境"(Bybee 等,1994:230)。

在现代汉语中,"期""图"和"旨"都只是构词语素,不能单用,只能与其他语素组成复合词来表示意图义,例如"期待""力图""旨趣"等。"以期"和"以图"则已经语法化为目的连词,其中的"期"和"图"都不再表意图义了。"旨在"还正处于连词化的过程中,既能表意图义,也能表目的义,分别如(29)和(30)所示。

4.2.4　容易>目的

"容易>目的"这条路径可能在世界语言中不具有普遍性,就我们目前所看到的文献来说,在中国境外的语言中,只找到一例。亚齐语(Acehnese)中的目的标记 mangat 来源于表示"容易,好"(be easy,nice)的同形动词。例如:

（62）Mangat　　　 rijang　　　 trók,　　　　 bu＝bagah

　　　　目的　　　　 快　　　　　 到达　　　　　意愿＝快

　　　ta＝jak.①

　　　第一人称包括式＝去

　　　我们走快点,好早点到达。（引自 Durie,1985:259）

从语义上来说,语源概念为"容易"的目的标记一般表示通过前面行为的发生,施事者能够比较容易地达成某种目的。汉语中的"好"之所以能发展出目的标记的功能,除了表容易义之外,更重要的是其所处的句法环境。Halliday 和 Hasan(1976:232)指出:"连词通常占据句子的第一个位置,它所在的整个句子都是它的辖域。"助动词"好"后面经常带一个小句,从听话人的角度看,"好"就处在小句的句首,这正是连词出现的典型句法位置,而且"好"的辖域也是其后整个小句,这些都与连词的特征相一致。汉语中的"易"是比"好"更典型的表容易义的词,但它不是助动词,所以不具备向连词演变的

---

① 　符号"＝"表示词的边界(word boundary)(Durie,1985:Ⅻ)。

句法条件。还有,表容易义的"便"本身也具备向连词演变的句法条件,但它经常出现在连词"以"的后面与之共现,整个跨层结构"以+便"是位于小句句首的,所以才能够词汇化为双音节连词"以便"。

苗语中也有一些目的标记在构词类型上与"以便"相似,都是由表容易义的语素和另一个语素合成双音节词,例如黔东鱼粮苗语中的"tɕəu[8] ɤəu[5]"(才好)和湘西矮寨苗语中的"ʑu[35] kaŋ[22]"(好让)等(范丽君,2016:253,263)。

4.2.5　避免>消极目的

Schmidtke-Bode(2009:191,2010)的跨语言研究表明,消极目的标记一般都是由一开始就与否定语义有关的词汇项或语法项发展而来的,他将这一语源概念概括为"避免"(avoidance)。土康贝斯语(Tukang Besi)中的消极目的标记 bara 有对动词否定的意义,用在目的小句中表示"预防性措施已经实行,因此不期望的情况能得以避免"的意思。托阿巴伊塔语(Toꞌabaꞌita)中的消极目的标记 ada 历史上来源于表示"注意、小心"义的动词,有一种表"警告"的隐含义。现代英语中的消极目的标记 lest 来源于古英语中的 less,而 less 的基本形式则与"非预期"的名词短语有关,比如 less trouble 等。

汉语中的"避免"义动词"防""免""省"等在词汇化过程中也对后来消极目的标记的产生起到了关键的作用。因为"以防""以免""免得""省得"等所表示的消极义均来自这些避免义动词的词义积淀,而与连词"以"或动词"得"的词义无关。

4.3　类型与个性

人类语言的语法演变既有共性的表现,也有类型的表现。共性是指全世界的语言所共有的特征(即绝对共性)或是大多数语言所共有的特征(即倾向共性),而类型是指一部分语言(特指独立于谱系、地域和文化因素之外的语言)共同具有的同时又是其他语言所不具有的特征(参看 Comrie,1989:19-23;Moravcsik,2013:9-10 等)。因此,以某个特征(比如 SVO 语序)为参照,将具有该特征的语言归为一个类型时,实际上同时体现了相似性和差异性两个方面:对该类型内部的语言来说,这个特征是相似性,但对该类型之外的其他类型(比如 SOV 语序类型)来说,这个特征就是差异性。此外,由于不同语言的结构和演变条件不尽相同,每种语言的语法演变也会存在着一定的个性特征。在 4.2 节的跨语言比较之后,我们现在要讨论的是:汉语目的标记的语源模式在哪些方面是与跨语言研究揭示出的类型特征一致的,又在哪些方面又体现出了汉语自身的个性特征?

4.3.1　语源概念

4.1 节总结出了汉语目的标记的七个语源概念,结合 Bybee 等(1994:229-230)、Heine 和 Kuteva(2002)、Schmidtke-Bode(2009:187-198)和 Kuteva 等(2019)等对目的标记来源和演化的类型学研究来看,我们发现受益、位移、意图、容易和避免也是非汉语中目的标记的语源概念,具有跨语言的类型特征。尽管像"容易>目的"的语义演变路径在世界语言中很少见到,可能不具有普遍性,但亚齐语和苗语的例子表明,源于容易义的目的标记并不是汉语所独有的。然而,就我们目前所掌握的文献来看,凭借和思考是只见于汉语而不见于其他语言的目的标记语源概念,可以看作是汉语的个性特征。

汉语目的标记,有的只有一个语源概念,比如"来"的语源概念就是位移或"来(到)";有的则有两个语源概念,比如"以便"的语源概念是"目的"(连词"以")和"容易"(动词"便")这两个。相反,我们在非汉语中见到的目的标记大多只有一个语源概念,比如亚齐语中 mangat 的语源概念就只是"容易",没有其他的。

汉语中有两个语源概念的目的标记基本上都是由跨层结构词汇化而来的双音节词或准双音节词,而组成跨层结构的两个词本来就分别表达了两个不同的概念。不过,双音节目的标记的两个语源概念在词汇化过程中所起的作用并不相同,其中一个会对目的标记形成之后的意义起决定性的作用,另外一个只起辅助作用或不起任何作用。例如,在含有语素"以"的目的标记中,由于"以"的语源概念也是"目的",因此在语义上对后来目的标记的形成产生了重要影响,而"便""期""图""免""防"等概念义也融入了目的义之中,使其区分为积极目的义和消极目的义。但是,在"免得""省得"中,"免"和"省"的语源概念"避免"是起决定性作用的,而"得"的语源概念是"实现",这与"免"和"省"的避免义相矛盾,因此其词义在词汇化的进程中彻底消失,对后来目的标记的形成也没有任何影响。

功能主义的语言观把语法演变的本质看作是语言使用的产物,即认为语法演变的发生是由话语交际中某种语用或认知策略所促动的(参看吴福祥,2005b)。但是,汉语目的标记有几个语源概念,以及这些语源概念是否都会对词汇化后的目的义起作用,会影响到人们对相同语义演变路径的不同认知策略。以"免得"和"省得"为例:

消极目的标记"免得"和"以免"的语源概念都是"避免"。"避免>消极目的"的演变在认知上体现为基于意义感知的相似性而发生的隐喻变化,即"避免"作为源域"活动"认知域内的一个相对具体的概念,投射到作为目标域的"观念"认知域内的一个相对抽象的概念——"消极目的"(参看沈家煊,2004)。由于"免得"中原先的动词"得"在语义上对后来"目的"义的形成没有任何影响,所以人们就直接将"免得"识解为隐喻促发的结果。但是,"以免"中原先的目的连词"以"本身就表目的义,所以人们也可以将"以免"看作是转喻促发的结果(从上位概念"目的"到下位概念"消极目的"的转喻),或是转喻和隐喻共同作用的结果。与此类似的情况还有"容易>目的"的演变,"好"和"以便"都有"容易"这个语源概念,但是"好"只能识解为隐喻的结果,而"以便"可以识解为转喻或转喻和隐喻共同作用的结果。

4.3.2　句法环境

以往讨论语义演变是如何发生的,主要关注认知策略(隐喻、转喻)和语言接触等机制在其中所起的作用(参看陈忠敏,2021),而很少联系句法因素来考察。但是,"凭借>目的"和"思考>目的"这两条语义演变路径之所以能在汉语中出现而没有在其他语言中出现,并不是因为思考义或凭借义本身与目的义有很强的关联性,而是由相关词项所处的特定句法环境决定的。

就"行为—目的"语义关系而言,汉语目的标记的语源概念一般都只与目的事件相关,而与行为事件无关,如"为了""以便"等。唯独"凭借"这个语源概念是例外,它表达的是行为事件,而不是目的事件,即凭借某种事物(通常都是前面行为的结果)的行为;目的义则是由原先跨层结构中的目的标记"以"和"来"来表达的。可见,"借以""用来""用以"等目的标记在语源概念上体现的是"行为—目的"语义关系,而不单纯是目的义。4.3.1 节中已经指出,汉语中许多双音节的目的标记都有两个语源概念,这正是以"凭借"为语源概念的目的标记产生的重要条件。如果不是与表目的义的"以""来"等共现构成跨层结构,表示行为义的凭借动词就不具备单独演化为目的标记的语义基础。非汉语中目的标记的语源概念大多只有一个,因此也就很难出现"凭借>目的"的语义演变路径了。

根据史金生(2006)的研究,"起见"的意义逐渐泛化,是因为经常用于介宾短语之后,即构成状中结构"[介词+X]+起见"。最初能出现在该句法环境中的介词比较丰富,有"从、为、以、因、因为、由"等,后来伴随着"起见"由动词语法化为后置词,与其相配合的介词也实现了单一化,即能进入上述句法环境的介词变得越来越少,最终只剩下"为",从而形成了"为 X 起见"这样的框式结构。而且,4.1.6 节已经指出,仅有状中结构"为 X 起见"这样的句法环境还不足以使其表达目的义,只有当"为 X 起见"表达的内容与另一个小句表达的行为之间存在因果关系时,才有可能被听话人解读为目的关系。

另外,"免得""省得""以便""以防""以免""以期""以图"等能够从跨层结构词汇化为双音节的目的标记,也和句法环境密切相关。两个成分在语流中前后相邻出现,为跨层结构双音化的发生提供了最基本的条件。汉语的自然音步(即不受句法和语义因素影响的音步)都是从左向右组织的"右向音步"(冯胜利,1998)。因此,像"以+

便"这样位于小句句首的前两个音节(在语流上从左至右)是最容易被人们组合为第一个"自然音步"的,尽管它们原本并不构成句法结构。如果它们不相邻,跨层结构的双音化也无从发生。

4.3.3　目的复杂句的源结构

从历时层面来看,小句连接标记与相应的主从复杂句在形成时间上往往是同步的。以目的标记"好"为例,当"好"还是表示"容易"义的助动词的时候,其后的小句充当"好"的宾语,整个句子是一个单句,如(31)。但是,当"好"语法化为目的标记之后,其后的小句就是目的小句了,前后两个小句也就构成了目的复杂句,如(33)。因此,从目的标记的历时演变入手来考察目的复杂句的形成过程,是一种常见的研究范式。

Schmidtke-Bode(2009:187)认为目的复杂句"是由其他复杂句结构(complex sentence constructions)发展而来的",并通过目的标记演变的类型学研究对此加以证明。不过,他可能没有注意到像汉语这样可以用单句来表达两个动词性情景的语言。现代汉语中的目的复句既有由其他复杂句发展而来的,也有由单句发展而来的,还有由目的复句自身发展而来的。具体表现为以下几种类型:

一是由复杂句发展而来的目的复句。

(a) 从目的复句到目的复句。由"以便""以免""以防""以图""以期"等引导的目的小句原本都是由目的连词"以"引导的目的小句。在汉语词汇双音化的趋势下,单音节目的连词"以"与其后高频紧邻的一些动词被重新分析为一个双音节的目的连词。因此,这些目的复句的源结构还是目的复句。

(b) 从解说复句到目的复句。由"为的是"引导的目的小句原先与前一小句构成解说复句。"为的"转指前一小句的"目的","是"是系动词,其后的成分是对"为的"的解释和说明。随着"为的是"逐渐连词化,整体充当目的标记,原先的解说复句也变成了目的复句。

二是由单句发展而来的目的复句。

(c) 从状中结构到目的复句。由"为""为了""为着"等引导的目的小句原先是由同形介词引导的宾语,介宾短语在句中充当状语,修饰其后的动词短语,整个句子是单句。"(为)……起见"原先也是介宾短语"为……"修饰动词"起见"的状中结构。随着介词连词化的程度加深,以及"起见"由动词演变为后置词,它们引导的成分也由名词短语扩展为小句,原先的单句也变成了目的复句。

(d) 从连动结构到目的复句。由"来""去"引导的目的小句最初与其前面的动词短语构成连动句。当动词"来""去"语法化为目的标记之后,其前后两个小句也就构成了目的复句。

(e) 从主谓结构到目的复句。"好""免得""省得""旨在""借以""用来""用以""是为了"等所在的目的小句,在这些目的标记形成之前,都与其前面的小句构成主谓句。前一小句整体充当主语,后一小句是对前一小句的陈述。后来,这些主谓句中的谓语动词(或包含谓语动词的跨层结构)都逐渐演化为目的标记,原先的主谓结构也变成了目的复句。

因此,现代汉语中只存在一种由其他复杂句结构(即解说复句)发展而来的目的复句,此外,还有由单句发展而来的目的复句,以及以目的复句本身为源结构的目的复句。这些现象都是以往的类型学研究不曾注意到的。

人类语言的共性是在表达目的范畴时用两个"动词性情景"(verbal situaion)来分别表达"行为"和"目的"这两个语义成分(Schmidtke-Bode, 2009:20)。因此,从语言演化和习得的角度来看,最初目的复杂句的形成就是为了将分别表行为义和目的义的两个独立但互相关联的动词性情景组合成一个整体结构。世界上很多语言中都只能用复杂句来表达有主从关系的两个动词性情景。与此不同的是,汉语中的单句也具有这种表达功能。① 因此,由单句演变为目的复杂句的现象在汉语中是很常见的。当表达"行为—目

---

① 除汉语外,东南亚的一些语言(如亚齐语、土康贝斯语、塞梅莱语〔Semelai〕等)中也有用于表达"行为—目的"关系的连动结构(参看 Durie, 1985:241; Schmidtke-Bode, 2009:103 - 104)。

的"语义关系的单句中某个成分发展出了目的义和关联小句的功能之后,就成为了目的标记,原先的单句也就被重新分析为目的复句了。

4.4　小　　结

在以往的语法化研究中,语言学家对演变的共性特征的关注远远超过了对演变的类型特征的关注(吴福祥,2005a)。因此,我们不仅要将汉语的历时演变放在整个人类语言演变的大背景下去考察其反映出的共性和类型,而且还要以类型学的眼光挖掘出汉语本身所具有的个性特征。本章也遵循这一研究范式,基于汉语历时和共时的语料,讨论了现代汉语目的标记的语源概念和语义演变路径等问题,并结合跨语言的材料进行了比较,进而得出了关于汉语目的标记语源模式以及汉语目的复杂句源结构的类型和个性特征的一些观察结果。

汉语中与跨语言的类型特征相一致的表现主要有:以"受益""位移""意图""容易"和"避免"等为语源概念的目的标记;一些目的标记只有一个语源概念,例如"来""好"等;有的目的复句(例如以"为的是"为目的标记的复句)来源于其他复杂句结构。

汉语自身个性特征的表现主要有:以"凭借"和"思考"为语源概念的目的标记,这类目的标记的出现是由特定的句法环境决定的;不少目的标记有两个语源概念,例如"以便""以免"等;大多数目的复句来源于单句或是来源于目的复杂句本身。

此外,目的标记语源模式的跨语言研究还能为解决汉语目的标记研究中一些存在争议的问题提供比较有力的旁证,兹举一例:

近代汉语和现代汉语中的"为了"和"为着"都既能表原因也能表目的(黎锦熙、刘世儒,1962:109;香坂顺一,1997:381)。赵春利、金恩柱(2008)认为,"为了""为着"之所以有兼表原因和目的的用法,是因为在古代汉语中,由介词"为"与名词性成分构成的结构就可以表示原因、目的等多种语义。但是,考察原因介词"为"和目的介词"为",我们发现二者几乎是同时出现的,它们在《论语》和《左传》中都有不少用例。因此,单就汉语历史文献来看,我们无法判断"为"的原因介词功能和目的介词功能,哪个是更早出现的。学界对此的看法也不一致,比如赵大明(2007: 405)认为原因介词"为"是从目的介词"为"发展而来的,而席嘉(2010: 320)却认为目的介词"为"是由原因介词"为"引申而来的,但他们都没有给出令人信服的历史语法演变的证据。

马清华(2003)通过对中国境内少数民族语言中连词的研究发现:"无论是连词发达的语言还是连词不发达的语言,都可能出现因果连词,而不见目的连词,但反过来,却没有只出现目的连词,而不见因果连词的情况。"另外,他还找到了一些来自构词方面的证据。阿昌语和哈尼语中的目的连词都是在因果连词的材料基础上发展出来的,而不是相反。因此,从民族语言中目的连词的形成过程来看,我们有理由相信汉语史上也存在着"为"先引介原因后引介目的的情况。当然,这还有待于今后进一步的研究与证明。

第五章　目的从句语序模式的
　　　　认知理据

现代汉语中,不同语义类型的状语从句在优势语序上的表现也有所不同:有的以前置于主句为优势语序,如条件从句;有的以后置于主句为优势语序,如结果小句。目的从句的优势语序是后置于主句(按:目的从句的主句也被称为行为小句),如(1—3)所示,这也和跨语言中 VO 语言的目的从句以后置为优势语序的表现相一致(Greenberg, 1966:84; Diessel, 2001:445;刘丹青,2019:53; Schmidtke-Bode, 2009:110①;尹洪波,2011)。

(1) 他正在努力学习德语,以便研究德国文化。

(2) 他故意咳嗽了几声,好引起大家的注意。

(3) 我特地买了一个蛋糕,来庆祝你俩的结婚纪念日。

Greenberg(1966:73,84)是最早从认知的角度对这一现象做出解释的。他发现"除了名词性宾语总是居于动词之前的那些语言之外,表达意愿和目的的从属动词形式总是置于主要动词之后"(共性15),并指出这条共性反映了"语言中成分的次序与物理经验或知识的次序相平行"的原则。这种观点实际上是将语序和时间顺序相关联,即主句和目的从句的线性顺序反映了行为事件和目的事件的时间顺序,本质上是语言符号象似性(iconicity)的一种表现。因为在客观世界中,达成目的的行为总是发生在目的的达成之前。

时序象似对汉语的影响尤甚,Tai(1985:50)从多个角度论证了汉语中的"时间顺序原则"(The principle of temporal sequence),即

---

① Schmidtke-Bode(2009:113)调查了 25 种 VO 语言(包含汉语),目的从句的语序都是后置的。这是因为核心居前的 VO 语言与后置从句相和谐,而与前置从句不和谐。但实际上,汉语中也有前置目的从句。

"两个句法单位的相对次序决定于它们所表示的概念领域里的状态的时间顺序"。可以说,事件发生的时间顺序不仅是人们对其进行认知的基础,而且还已成为汉语句法编码的原则。诚然,像(1—3)这样的例子,我们也可以说它们反映了事件的时间顺序,但是汉语中除了后置目的从句外,还有一些目的从句一般都前置于主句,并且很少后置。这类目的从句通常都由"为""为了""为着"等目的标记来引导,[①]如(4—5)所示,它们是否构成了时间顺序原则的反例?

(4)为了躲避土匪,他们全家搬到了上海。

(5)为着揭开笼罩在原子科学上的迷雾,科学家们同心协力,联合攻关。

对于汉语目的从句在语序上的两种模式,以往的研究已经普遍地注意到了(如王维贤等,1994:113-117;Eifring,1995:160-162;郭志良,1999:198-199;刘月华等,2019:870-871;张斌,2010:668等),但却很少有对其做出全面解释的。除尹洪波(2011)专门对汉语目的从句的语序模式进行了讨论之外,其他一些学者(如 Tai,1989;陈昌来,2000:262;刘丹青,2019:53;Wang,2008:41-42;张磊,2011等)大都只是一语带过地提出了自己的一些看法。

本章将在评析既有解释方案的基础上,从考察目的关系的心理表征方式入手,对"意图"和"预期结果"这两个概念加以区分,并在认知语言学的理论框架内对现代汉语目的从句的语序模式做出新的解释。此外,本章还将涉及对汉语目的标记系统形成理据的一些讨论。

5.1　既有解释方案的评析

尽管汉语学界以往对目的从句语序模式给出的解释都比较简

---

① 根据尹洪波(2011)的统计:267 个以"为"标记的目的从句中,仅有 7 例后置;600 个以"为了"标记的目的从句中,仅有 12 例后置;21 个以"为着"标记的目的从句中,有 6 例后置。

略,但解释的视角却已经涵盖了认知语法、信息结构、篇章功能和类型学等多个方面。不过,这些解释都存在着不同程度的不足,甚至还有内部矛盾的地方。

5.1.1　自然语序与凸显语序

戴浩一(Tai, 1985, 1989)在 Osgood(1980)的基础上区分了自然语言中的两种语序:自然语序(natural word order)和凸显语序(salient word order)。自然语序立足于概念,以感知为基础,凸显语序则带有说话人的兴趣、感情、焦点等。以英语中的原因复杂句为例:

(6) a. Because John went working in the freezing rain he caught a cold.

（因为约翰在冰冷的雨中工作,所以他得了感冒。）

b. John caught a cold because he went working in the freezing rain.

（约翰得了感冒,因为他在冰冷的雨中工作。）

(6a)中先出现原因,再出现其结果,是自然语序;(6b)则使用了凸显语序,将结果作为凸显的焦点先说出来。

戴浩一指出:时间顺序原则“基于人们如何感知时间顺序中的事件和状态”(Tai, 1989: 208),“是管辖自然语序的原则”(Tai, 1985: 64)。可见,凸显语序并不受时间顺序原则的制约。他还举了目的复杂句的例子来说明时间顺序原则和凸显原则相互作用的一种方式。例如:

(7) a. 他天天念书,以便考上大学。

b. 为了考上大学,他天天念书。

(7a)中行为事件在前、目的事件在后,语序和时间顺序一致,是自然语序;(7b)将目的事件放在了行为事件之前,是凸显语序。后来,王小梅(Wang, 2008: 41 - 42)也以自然语序和凸显语序的区别来解释台湾闽南话中目的从句的两种语序模式。例如:

(8) a. 为着卜考著大学,阿城仔足用功读册。

（为了考上大学，阿城仔很用功地读书。）

b. 阿城仔用功读册拢是为着卜考著大学。

（阿城仔用功地读书，是为了考上大学。）

将自然语序和凸显语序结合起来，看似解释力很强，涵盖了两种语序模式，实则掩盖了许多问题。如果这种解释成立的话，那就是说，自然语序较之凸显语序是更为常见或典型的语序模式。就目的从句而言，一般都表现为自然语序，而只有在说话人的兴趣、心绪、焦点等因素的作用下就会变为凸显语序。然而，事实并非如此。虽然"为"类目的从句是前置和后置均可的，但根据尹洪波（2011）的语料统计，"前置的较多，约占 76%，后置约占 24%"。凸显语序的例子反而远远多于自然语序的例子，这在逻辑上是不成立的。此外，非"为"类标记（如"以便""以免""免得""好"等）引导的目的从句都是只能后置，不能前置的，如（9a—b）所示。这类目的从句为什么不能被凸显呢？似乎从未有人讨论过。

（9）a. 我得歇一天，以便参加明天的研讨会。

b. *以便参加明天的研讨会，我得歇一天。

还有，焦点是说话人在句子中"赋予信息强度最高的部分"（徐烈炯、刘丹青，2018：81），由于交际过程中信息的表达和理解都遵循从旧信息到新信息的顺序，因此句末成分通常是常规焦点（或称自然焦点）的所在。那么，在自然语序（7a）中，目的从句是焦点，但在凸显语序（7b）中目的从句前置了，它是否还是焦点？凸显语序究竟凸显的是什么？为什么前置的目的从句就一定是被凸显的成分？其实，我们也完全可以说（7b）是为了凸显主句而使其后置成为常规焦点。凡此种种，在以往讨论自然语序和凸显语序时都未曾加以考虑。

实际上，自然语序和凸显语序更像是基于时间顺序原则对语序现象的一种分类方法：凡是符合时间顺序原则的，都是自然语序；凡是不符合时间顺序原则的，都是凸显语序。但是，这种分类对于解释目的从句的语序模式而言是没有任何意义的。

5.1.2　旧信息与新信息

句子的信息编排通常遵循从旧到新的原则,信息内容越新就越靠近句末的位置。正如 Givón(1984:207)所说的:"不太确定的／不太连续的／新的信息居于较为确定的／较为连续的／旧的信息之后。"因此,通常情况下,主从复杂句中的前置小句表达旧信息,后置小句表达新信息。陈昌来(2000:262)就从信息结构的角度出发,认为"'以便、以免'类目的复句,目的是表述重点,'为了'类目的复句,动作行为是表述重点"。例如:

(10) a. 我起得很早,以便赶上首班车。

b. 为了赶上首班车,我起得很早。

也就是说,目的从句的语序取决于其表达的信息是新还是旧。同样是表达目的语义内容的小句"赶上首班车",在(10a)中是新信息,在(10b)中则是旧信息。相应的,同样是表达行为语义内容的小句"我起得很早",在(10a)中是旧信息,在(10b)中是新信息。

此外,王小梅(Wang,2008:42)也认为台湾闽南话目的从句的语序与信息结构有关:(8a)中的新信息是"主语为实现目标所采取的手段",而(8b)中的新信息是"目的成分"。

但是,具体的话语或篇章中,旧信息和新信息的排列顺序并没有那么理想化,这在目的复杂句中也有明显的表现。例如:

(11) 问:你起得这么早,是为了什么目的?

答:为了赶上首班车(,我才起得这么早)。

(12) 你瞧我老爷那时候,十七岁就开始上外头,跟着他们跑,就是那时就是什么,就为了吃饭吧,挣钱吧,就满世界跑。(陈志强《1982 年北京话调查资料》)

(13) 他(按:指安南)希望双方能在 10 日的会谈中就未来谈判的原则和议程达成一致。安南指出,目前留给塞(按:指塞浦路斯)各方的时间已不多,他们必须相互作出妥协,以便尽早达成协议。(《解放日报》2004 年 2 月 10 日)

在(11)的问答语境中,答句中的目的从句"为了赶上首班车"是对问句中疑问焦点的回答,是新信息,但它却通常先说出来,即语序上前置,而表达旧信息的主句"我才起得这么早"则是后置语序,也可以省略不说。(12)是自问自答的话语,主句"满世界跑"所表达的内容是上文中已经出现过的旧信息,但它后置于表达新信息的目的从句"为了吃饭吧,挣钱吧"。(13)中目的从句中的"达成协议"是对上文中"就未来谈判的原则和议程达成一致"的重新表述,属于旧信息,但在这里是后置的;相反,表达新信息的主句"他们必须相互作出妥协"却是前置的。可见,信息结构原则也不能全面地解释目的从句不同语序模式背后的动因。

5.1.3　状语与补语

尹洪波(2011)从句法功能的角度出发,认为"前置的目的从句相当于句首状语,后置的目的从句相当于补语"。但他没有对此进行阐述,只是说"所有前置目的从句都为附接语,后置的目的从句则不是附接语,有的还要受主句动词的管辖"。由此可知,他所说的"补语"并非汉语学界传统上所说的表明动作的结果或状态的"补语",而是现代语言学中的"补足语小句"(complement clause)。例如(14)中由标句词 *that* 引导的小句 *he was Napoleon's great-great-grandson* 就是一个补足语从句,它受动词 *believed* 的管辖,充当其宾语论元。

(14) Jim firmly believed that he was Napoleon's great-great-grandson.

(吉姆坚信自己是拿破仑的玄孙。)

但是,汉语的后置目的从句并不受主句动词的管辖,两者间也不存在论元关系。例如:

(15) 张三打开了窗,以便呼吸新鲜空气。

(15)中"张三打开了窗"是一个独立的、自足的小句,即使删去后一个小句依然能成立。相反,"以便呼吸新鲜空气"则依附于前一个小句,无法独自进入话语。但是,这种依附现象并不代表它就受前一个小句动词的管辖。如果它充当动词"打开"的宾语论元,句子反而不合格了,例如(16)。

(16) *张三[_{VP}打开了[(以便)呼吸新鲜空气]]。

实际上,补足语和附接语都具有依附的句法属性,区别在于:补足语充当主句动词的核心论元,如果没有这个补足语,主句动词就不完整,例如(14)删去补足语小句后剩下的部分"Jim firmly believed"就不是一个完整的句子;而附接语不充当主句动词的核心论元,可以删去而不影响主句的完整性。(15)也可以改写为前置目的从句的形式,如(17)所示。可以看到,无论是前置的目的从句(17),还是后置的目的从句(15),在句法功能上都是附接语,即充当主句的状语从句(adverbial clause),对主句起修饰作用。

(17) 为了呼吸新鲜空气,张三打开了窗。

5.1.4　承上与启下

Thompson(1985)从篇章功能的角度解释了英语中的前置和后置目的从句。她认为,前置目的从句在话语组织方面至关重要,可以解释不止一个的后续小句;后置目的从句则没有这样的功能,而且往往只与前面直接相邻的主句相关。尹洪波(2011)在此基础上进一步指出:"前置的目的从句具有很强的话题性,甚至可以看作话题",而"后置的目的从句不具备话题性质,它只是承接前面的主句,是一段相对独立的信息的终点"。张磊(2011:39)也有类似的看法,他认为:"'为了'目的项前置强调目的对行为的引发,而后置时或者是对行为/结果项的补充说明,或者是解释重申。"这种观点是有道理的,我们来看汉语中具体的例子,例如:

(18) 为了不致让自己沦为乞丐,他们只得厚着脸皮在村中"蹭"朋友的饭吃,吃饱了就赖在这儿不走,晚上就住到了朋友这儿,然后逢人就说留他吃饭住宿的这位朋友够哥们儿,让人家不好意思再赶他走。(卞庆奎《中国北漂艺人生存实录》)

(18)中"为了不致让自己沦为乞丐"是一个前置目的从句,相当于一个话题,是"启下"的。后面引领的五个小句,都是围绕前面这个目的从句展开陈述的。相反,如果将例(18)改为后置目的从句的

模式,情况就不同了。例如:

(19)他们厚着脸皮在村中"蹭"朋友的饭吃,吃饱了就赖在这儿不走,晚上就住到了朋友这儿,然后逢人就说留他吃饭住宿的这位朋友够哥们儿,让人家不好意思再赶他走,为了不致让自己沦为乞丐。

(19)中后置目的从句"为了不致让自己沦为乞丐"是"承上"的,是对前面五个行为小句的解释和说明,而且后置目的从句的后面也很难有围绕它展开陈述的后续小句。即使有后续小句,也还是对前面五个行为小句进行解释说明的。例如:

(20)他们厚着脸皮在村中"蹭"朋友的饭吃,吃饱了就赖在这儿不走,晚上就住到了朋友这儿,然后逢人就说留他吃饭住宿的这位朋友够哥们儿,让人家不好意思再赶他走,为了不致让自己沦为乞丐,以便有机会继续从事艺术创作。

与(19)相比,(20)的最后多了一个目的从句"以便有机会继续从事艺术创作",但这个目的从句只是相对于"不致让自己沦为乞丐"这个行为而言的。在更大的篇章中,整个目的复杂句"不致让自己沦为乞丐,以便有机会继续从事艺术创作"前面又加上了目的标记"为了",充当其前面五个小句的目的从句。

可见,前置目的从句和后置目的从句在篇章功能上的确是不同的。但接下来的问题是:为什么"为"类目的从句既能启下也能承上〔如(18)和(19)所示〕,而非"为"类目的从句却只能承上不能启下〔如(9a—b)所示〕?单从篇章功能的角度着眼是无法解决这个问题的。如果不解决这个问题,那就还没有将目的从句语序模式的动因解释清楚。

5.1.5　动机与目的

从类型学上来看,"目的从句和原因小句功能上的相似之处在于两者都可以看作是为给定情景或行为的发生提供了解释或说明"(Thompson 等,2007:220)。王小梅(Wang,2008:41)认为可以从这个角度来解释台湾闽南话的前置目的从句。她把(8a)中的目的从句看作是"主语将主句谓语付诸行动的原因或动机",并指出主语要首先确立自己"考著大学"的目标,然后才能为了达到这一目标而采取"用功读册"的行动。因此,从"原因—事件"的角度来解释,前置的"为"类目的从句的语序和时间顺序是一致的。张磊(2011:41)也有类似的看法,他说:"当我们表述目的句时,也倾向于按照顺序原则来如实地反映事件发生的过程。反映在语表形式上,便是先说目的项再说行为/结果项。"

这种观点虽然也是用时间顺序来解释,但看问题的视角却和以往的截然相反。正如本章开头所指出的那样,以往都是把目的从句后置于主句的现象看成是符合时间顺序原则的。不过,问题的关键在于把目的看成是先于行为的原因之后,只能解释前置的目的从句符合时间顺序原则,却无法解释后置的目的从句也符合时间顺序原则。王小梅对(8)的两种解释无疑是自相矛盾的:一方面设定只有后置目的从句才符合自然语序,而将前置目的从句视为凸显语序(见5.1.1节);另一方面又说前置目的从句表达"付诸行动的原因或动机",这就又将前置目的从句视为自然语序了,因为在中因果复杂句中,只有原因从句前置的情形才是自然语序,后置则是凸显语序,如(6a—b)所示。

刘丹青(2019:53)也指出"为了"等引导的前置目的从句"也许可以分析为动机小句",但"如何区分动机和目的,在其他语言中是否存在表达形式和语序上的区别,还需要深入研究"。这表明他与王小梅的看法是不同的,即将前置和后置目的从句作两种不同的处理,分别看作是主句的动机与目的,但是他在这个问题上没有更多的论述了。

基于对已有研究的评析,我们有两点认识:第一,将前置和后置目的从句看作是两种不同的句式是很有必要的。至少在篇章功能上,两者有着完全不同的表现。第二,"为"类目的从句虽然以前置为主,但也可以后置;而非"为"类目的从句却只能后置,不能前置。这种不对称的现象正是以往的几种解释方案都没有解决的问题。

因此,要得到一个解释汉语目的从句语序模式的合理方案,就必须先解决这个问题。

5.2　目的关系的表征方式

Comrie(1989:94)在谈及 Greenberg(1966:84)的共性 15 时指出:"愿望必定先于愿望的实现,目的的表述必定先于目的的实现,因此,可以意料,在其他情形等同的条件下,表达愿望或意图的主句动词就会位于表达其(潜在)结果的从句动词之前。"这应该符合大多数学者的看法,即从目的的实现着眼,将其视为行为的结果,故而表达目的的语言形式也位于表达行为的语言形式之后。因此,以往的研究者大都认为"目的句后置的强烈跨语言倾向,与语言的象似性明显有关"(刘丹青,2003:59)。不过,这种观点存在一定的片面性,因为目的本身具有特殊性,既可以说是意图,也可以说是预期结果,而 Comrie(1989:94)所说的"(潜在)结果"是只就预期结果而言的,没有考虑意图性。

意图是刺激行为实施的心理诱因,只有施动者有意图地发出来的行为,才能用于"行为—目的"关系的表达。例如:

(21) a. 张三把大门打开了,以便让大家进来。

　　 b. *风把大门吹开了,以便让大家进来。

"风"和"张三"不同,是无生命的,不能有意图地发出"把大门吹开"的行为,所以"风把大门吹开"的行为就不能与后续的目的从句搭配。

在时间顺序上,人们总是先有某种意图,再有由该意图促发的行为,而不是相反。用来编码相应内容的语言形式在语序上也象似地反映了这种时间顺序。例如:

(22) a. 我想填饱肚子,于是吃了两个包子。

　　 b. *我吃了两个包子,想填饱肚子。

违背时间顺序原则的(22b)是不合格的。不过,如(22a)所示,当施动者"我"有了"填饱肚子"的意图之后,"我"不一定就要发出"吃两个包子"的行为,也可以实施"吃一碗面条""吃一个大饼"等行为。也就是说,当施动者有了某种意图之后,就会刺激其在心理上选择某种行为来满足该意图,而可供其选择的行为可能是多样的。这样,施动者就要考虑选择哪种行为来满足自己的意图,最后再实施该行为。还是以(22a)为例,这一从心理表征到行为表征的活动过程可以图式为(23)。

(23) 我想填饱肚子→我想吃几个包子来填饱肚子→

心理表征

于是吃了几个包子

行为表征

一般来说,在不考虑外部因素影响的情况下,施动者对行为的选择要遵循"所选行为实施的预期结果能最大程度地满足意图"的原则。例如:

(24) a. 政府要规范市场价格行为,于是制定并推行了明码标价的法规。

b. 政府要规范市场价格行为,于是鼓励商家对商品进行明码标价。

很明显,对施动者"政府"而言,实施(24a)中行为"制定并推行了明码标价的法规"的预期结果要比实施(24b)中行为"鼓励商家对商品进行明码标价"的预期结果更能满足"规范市场价格行为"的意图。

因此,当施动者主观上选择了某种行为之后,就要判断该行为实施的预期结果是否能最大程度地满足其意图。如果能的话,就可以在现实世界中付诸实施;如果不能的话,就要重新选择一种行为,直至施动者认定所选行为实施的预期结果能最大程度地满足其意图为止。我们可以将从意图出现到行为实施的一系列过程图示如下:

（25）

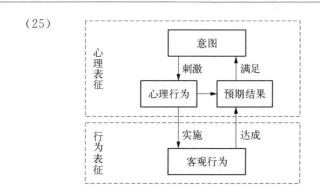

　　由上图可知，"意图"和"预期结果"在心理表征上是不同的。"意图"是促发施动者实施某种行为的心理动因，而"预期结果"是施动者认为行为的实施所可能达到的某种状态。我们通常所说的"目的"实际上包括了"意图"和"预期结果"这两个不同的概念，可以说是二者的混合体（详见第二章 2.2.1 节和 2.2.2 节）。刘丹青（2019：53）所说的"区分动机和目的"，应该也是这个意思。不过，本书还是选择使用"意图"这个术语，而不使用"动机"，因为在心理学中，动机包括内在动机和外在动机两种，只有外在动机才跟目的有关。①

　　在哲学和心理学中，都已明确"目的"这一概念具有双重意义。美国哲学家约翰·塞尔（2006：121）指出："所有被我称作是'目的'的状态都具有从世界到人心的符合趋向和从人心灵到世界的因果性趋向。"把目的看作是行为的预期结果，就是"从世界到人心的符合趋向"；而把目的看作是促发行为的意图，就是"从人心灵到世界的因果性趋向"。另外，在《美国心理学会心理学词典》（*APA Dictionary of Psychology*）中，"目的"（purpose）词条下的第一个解释是"某些已发

---

　　①　内在动机是指"个体因某一活动本身有趣或令人愉快而做出某一行为"，即完全因为喜欢而实施某种行为，例如：他喜欢弹吉他。外在动机是指"个体出于某种外在原因而做出某一行为"，例如：他弹吉他是为了参加比赛。如果"行为被视为实现另一个目的的手段"，这些行为就是由外在动机驱动的（爱德华·伯克利、梅利莎·伯克利，2020：60 - 61）。

生的或存在的事物的原因(reason)"，第二个解释是"指向某人的行动或行为的一种心理目标(mental goal)或目的(aim)"(VandenBos，2006：760)。这两种解释就分别对应于我们所说的意图和预期结果。

尽管在心理表征上存在着意图和预期结果这两个不同的概念，但在日常的言语活动中，语言使用者们却并不对它们加以区分，而是统称为"目的"。因为一般就某个具体的行为而言，其意图和预期结果虽然在心理表征上的顺序不同(意图先于心理行为，预期结果后于心理行为)，但它们的所指内容却是相同的。所以，在不考虑语用因素的情况下，编码相同内容的前置和后置目的从句通常是可以互换的。例如将(24a)改为目的复杂句：

(26) a. 为了规范市场价格行为，政府制定并推行了明码标价的法规。

b. 政府制定并推行了明码标价的法规，以期规范市场价格行为。

(26a)中，"规范市场价格行为"这一意图促发了政府实施"制定并推行了明码标价的法规"的行为。同样，在(26b)中，政府实施"制定并推行了明码标价的法规"这一行为的预期结果也是"规范市场价格行为"。

相应地，在语言形式上，语言使用者也没有必要对意图和预期结果都进行编码，只需要选择其中一项即可：或意图与行为，以前置目的从句和主句来编码，如(26a)；或行为与预期结果，以主句和后置目的从句来编码，如(26b)。这也符合语言构造的经济性原则。正因为如此，以往的语言研究者很少对意图和预期结果加以区分。

5.3　时间顺序原则

由5.2节的讨论可知，意图和预期结果与行为的关系是不同的：前者是促发行为的发生，而后者是行为发生之后的预期结果。尽管语言使用者很少注意到这种差别，但它们却决定了前置和后置目的从句不同的交际功能。在话语交际中,说话人选用前置还是后置目的从句并不是完全随意的,而是受目的从句交际功能的制约。具体表现为以下三个方面:

第一,前置目的从句具有开启下文的篇章功能;后置目的从句具有承接上文的篇章功能。这一点在 5.1.4 节中已讨论过,兹不举例。造成这种语用差别的认知原因是:意图是促发行为发生的动因,所以后面可以引出一系列相关的行为活动;而预期结果只能说明前面行为发生后所可能导致的某种状态。

第二,在前置和后置目的从句共现的句子中,后置目的从句较前置目的从句而言,与主句的篇章关系更紧密。以"为了……。主句。以便……"这类句子为例,我们在北京大学 CCL 现代汉语语料库里共检索到合格的例句 125 例。其中 114 例都是主句先与"以便……"结合,然后整个再与"为了……"结合的。① 例如:

(27)为了做好工作,我经常深入基层调查研究,以便掌握工作的主动权。(《人民日报》1994 年第一季度)

(28)为了防止海啸造成的损失,许多国家在沿海建立钢筋水泥防波堤,设立各种观察站,根据科学的记录作出预报,以便跑在海啸前面做好预防工作。(《中国少年儿童百科全书》)

从表达的语义内容上看,上述两例中的主句都是先达到后置目的从句中的预期结果再实现前置目的从句中的意图的。如(28)中,只有先"做好预防工作"才能"防止海啸造成的损失",反之在逻辑和事理上都不能成立。

---

① 有 9 例是主句先与"为了……"结合,然后整个再与"以便……"结合的。例如:

(1)为了使这种珍贵动物的种族能够延续下去,我国还在安徽、浙江等地建立了扬子鳄的自然保护区和人工养殖场,以便为我国和国际上的科学研究提供宝贵的动物资源。(《中国少年儿童百科全书》)

还有 2 例是前置和后置目的从句表达的内容完全相同,主句先与哪个结合都可以。例如:

(2)为了要孤立地看出拉贝玛的才华,我几乎把我事先研究过的所有扮演《费得尔》的女演员的共性从我对角色特性的理解中除掉,以便看到剩下来的只是拉贝玛女士的才华。(翻译作品《追忆似水年华》)

造成这种语用倾向的认知原因是：意图先于行为出现，但并不必然导致行为的发生；而预期结果的出现必须要以行为事件在心理上的实施为前提。也就是说，意图可以独立于行为而存在，而预期结果不能独立于行为而存在（详见第二章 2.2.2 节）。所以，预期结果与行为的联系要比意图与行为的联系更为紧密。

第三，说话人如果对某一行为持消极或否定的态度，一般都用前置目的从句与其构成目的复杂句，而不能用后置目的从句。请比较：

(29) a. 为了你的女儿出风头唱戏，白白牺牲了小文夫妇。（老舍《四世同堂》）

b. *白白牺牲了小文夫妇，以便你的女儿出风头唱戏。

(30) a. 为了造就一己的声望，不惜祸国殃民。（张爱玲《更衣记》）

b. *不惜祸国殃民，以便造就一己的声望。

如果将上述两例的前置目的从句换成后置目的从句来表达，句子就不能成立了。这种语用差异也是由意图和预期结果的差别导致的。根据 Leech（1983：132）提出的礼貌原则中的赞扬准则（approbation maxim），说话人应尽力缩小对他人的贬损。如果消极的评价不可避免，就需要对其原因做出一定的解释。由于行为是由意图（而不是预期结果）促发的，所以要解释对行为进行消极评价的原因，就须联系其意图来说明。

因此，汉语目的从句的两种语序本质上是汉语使用者对具有不同交际功能的"意图"和"预期结果"的句法编码手段。编码的方式就按照人们所认知的它们在心理表征上的顺序来进行，即时间顺序原则。目的从句前置于主句，象似于从意图到行为的心理顺序，强调的是意图促发了行为实施的过程；而主句后面出现目的从句，象似于从行为到预期结果的事理顺序，强调的是客观行为的实施导致预期结果可能达成的过程。Schmidtke-Bode（2009：117）和尹洪波（2011）都认为用时间顺序原则来解释目的从句的语序模式存在着一个明显的问题：目的和行为在时间上可以互为先后，等于没解决问题。这是因为他们没有意识到目的这个概念所具有的双重属性——既可以是意图也可以是预期结果，从而将前置目的从句和后置目的从句等同起来。实际上，说目的从句无论是前置还是后置都符合时间顺序原则，并不矛盾。从意图来看，是先有目的后有行为，但从预期结果来看，则是先有行为后有目的，这正是由"行为—目的"关系独特的表征方式造成的。

　　另外，早在上古汉语中，就已经有前置和后置这两种语序的目的从句了，反映了先民们在句法编码时对意图与预期结果的不同认识（这一点在 5.4 节中还将进一步讨论）。例如：

　　（31）为使者之无远也，孤用亲听命于藩篱之外。（《国语·吴语》）

　　（32）天生民而树之君，以利之也。（《左传·文公十三年》）

　　后来，随着这种语序编码手段广泛、高频地使用，它们就逐渐固定下来，变成了语法构造的规则。因此，汉语目的从句的语序模式是"语用法"语法化的产物（参看沈家煊，1998）。

5.4　目的标记系统形成的理据

　　根据 5.3 节，可以将前置和后置目的从句的交际功能概括如下：前置目的从句为后续小句中的行为提供了关于实施意图的背景信息；后置目的从句对前面小句中行为实施的预期结果做出了说明。可以看到，在交际功能上，前置目的从句和后置目的从句分别与原因从句和结果从句存在着相通之处。① 这与吕叔湘（1982［1942、1944］：406）所说的"目的，一方面可以说是内在的原因，一方面也可

---

　　① 前置和后置目的从句只是在交际功能上分别与原因小句和结果小句相通，但并不代表它们在语义上也是对等的。简单地说，其区别在于：意图是主观的，而原因既可以是主观的也可以是客观的；目的是非现实的，而结果既可以是现实的，也可以是非现实的。

以说是预期的结果"是一个道理。下面举例来说明。

(33) a. 为了扩大自己的影响力,企业登了很多广告。

　　　b. 因为要扩大自己的影响力,企业登了很多广告。

(34) a. 企业登了很多广告,以便扩大自己的影响力。

　　　b. 企业登了很多广告,所以扩大了自己的影响力。

(33)中,前置目的从句和原因从句都为后续小句中行为的动因提供了背景信息。(34)中,后置目的从句和结果从句都对前面小句中行为的(预期)结果做出了说明。

这种交际功能上的相通在语法标记上也有所体现。古代汉语中的"为""为了""为着"等就有兼表原因和目的的用法,而且这两种意义的联系非常紧密。根据赵春利、金恩柱(2008)的研究,17世纪以前,"为了"是表目的还是表原因,还比较模糊,很难判断。实际上,即使在现代汉语中,也有少数"为了"用作原因标记的例子。如(35)所示,"为了这东洋货问题"和后续小句之间只有因果关系,而没有"目的—行为"的关系。

(35) 为了这东洋货问题,她在学校里给人家笑骂,她回家来没好气。(《林家铺子》)

"'以V'类连词最初都是连词'以'+动词V的非句法结构,都是在'VP$_1$(,)以 VP$_2$'的句法环境中词汇化为连词的"(刘红妮,2009)。跨层结构"以+V"的语义都表示"凭借某种事物或手段来达到某种结果"。后来,主观性强的动词就与连词"以"词汇化为目的标记,例如"以便、以期、以图、以免"等;而主观性弱的动词就与连词"以"词汇化为结果标记,例如"以至、以致"等。[①] 还有,"免得"和"省得"最初都是由"避免"义动词与"得"构成的跨层结构。其中的"得"是前面动词的结果补语,表示"动作或结果的实现"(杜轶,2006:115-116)。后来随着"得"的逐渐虚化,"免得"和"省得"也词汇化为表示

---

① 有学者认为"以"类目的连词源于宾语悬空的介词短语"以( )"与V构成的状中结构,但实际上,"以"类目的连词是来源于连词"以"与V构成的跨层结构,与介词"以"无关(详见刘红妮,2009)。

"避免某种行为结果"的消极目的标记。

这表明使用汉语的先民们早已有了区分意图和预期结果的意识。他们将意图和预期结果分别看作是类似于原因和结果的概念，并用相同或相似的语法形式来编码这些类似的概念。后来，在语言的动态使用过程中，由于语言表达精确性的需要，这些语法形式就逐渐分化开来，形成了现代汉语中的目的标记、原因标记和结果标记。这也是"语用法"的语法化所导致的结果。因此，汉语目的标记系统在很大程度上也是区分意图和预期结果的一种句法编码手段。

从跨语言的角度来看，将目的看成是与原因或结果相似的概念，并用相同（或相似）的语法形式来编码，乃是许多语言中都存在的现象。目的从句与原因从句使用同一个语法标记的，以西非加纳的特维语（Twi）为例，如（36）（37）所示（转引自 Heine 和 Kuteva，2002：216 - 217），（36）中 sɜ 引导的是目的从句，而（37）中 sɜ 引导的是原因从句。

（36）memaa　　　　　　　　　no　　　　sika　　　sɜ
　　　第一人称：单数：给　　他　　　　钱　　　目的标记
　　　mfa　　　　　　　　　　nkɔ ɛ t　　　　　bi.
　　　他：祈使语气：拿去　　未完成体：去：买　　一些
　　　我给了他钱，以便让他去买些（东西）。

（37）oguanee　　　　　sɜ　　　　　osuro.
　　　他：跑：离开　　原因标记　　他：系动词：害怕
　　　他跑开了，因为他感到害怕。

同样的现象还见于中国的拉祜语（常竑恩，1986：74）、东欧的阿尔巴尼亚语（尹产良、季兵，1988：181）、印度东北部阿鲁纳恰尔邦（Arunachal Pradesh）的迦龙语（Galo）、大洋洲所罗门群岛的托卡拜塔语（Toqabaqita）等（Dixon，2009：16 - 17）。

目的从句与结果从句使用同一个标记的，以英语为例，如（38）（39）所示，（38）中 so that 引导的是目的从句，而（39）中 so that 引导的是结果从句。

（38）He angled his chair, so that he could sit and watch her.

　　（他斜移了椅子，以便能坐着并注视她。）

（39）It rained on Saturday, so that we could not hold the planned picnic.

　　（周六下雨了，所以我们不能按计划举行野餐。）

同样的现象还见于古代闪米特语（Semitic）中的阿卡底亚语（Akkadian）、澳大利亚土著语言中的马图苏利那语（Martuthunira）、伊迪尼语（Yidiɲ）等（Dixon，2009：15）。

可见，在许多语言中，人们或者倾向于将目的看作与行为的原因相类似，或者倾向于将目的看作与行为的结果相类似，于是就将原因和目的标记或结果和目的标记编码为相同或相似的形式，这也是语言象似性的一种表现。不过，在其他语言中还很少见到像汉语这样同时使用两套目的标记的现象：既有和原因标记相同或相似的目的标记，也有和结果标记相同或相似的目的标记。当然，并非所有的目的标记都是在象似性的作用下而产生的，例如汉语中的"来"和"去"也能引导目的从句，它们是从位移动词发展而来的（详见第四章 4.1.2 节），又如英语中的 in order to 来源于向格标记 to（参看 Haspelmath，1989），这些目的标记都与原因标记或结果标记无关。

5.5　"为"类目的从句的语序

综合 5.3 和 5.4 两节的讨论，可以发现，汉语中目的从句的语序与目的标记之间存在着一定程度的对应关系：前置目的从句中一般用"为"类目的标记，后置目的从句中常用"以"类目的标记。这是因为前置语序和"为"类目的标记都是编码意图的句法手段，而后置语序和"以"类目的标记都是编码预期结果的句法手段。然而，和"以"类目的标记只能用于后置目的从句的情况不同，"为"类目的标记用于前置和后置的目的从句均可。具体来说，"为"类目的从句在语序上有如下两种表现：

　　第一,以前置为主,但也能后置,有"为""为了""为着""为(了)……起见"等,如(40)(41)所示。其中,又以"为(了)……起见"后置的情况最为少见,我们在 BCC 汉语语料库里只检索到了 5 个合格的现代汉语例句,并不是这种语序不合语法,只是汉语母语者极少会这样用。

　　(40) a. 为 /为了 /为着职工能安心工作,机关办起了托儿所。

　　　　　b. 机关办起了托儿所,为 /为了 /为着职工能安心工作。

　　(41) a. 为方便职工起见,机关办起了托儿所。

　　　　　b. 机关办起了托儿所,为方便职工起见。

　　第二,只能后置,不能前置。有"是为了""为的是"等。例如:

　　(42) a. 机关办起了托儿所,是为了 /为的是职工能安心工作。

　　　　　b. *为的是 /是为了职工能安心工作,机关办起了托儿所。

　　现在的问题是,后置的"为"类目的从句究竟是对意图还是对预期结果的句法编码? 不同的"为"类目的从句为什么在语序上会有不同的表现呢?

　　第一个问题与目的范畴的"非现实"语义特征(详见第二章 2.2.4 节)有关。Mithun(1995:368,1999:173)从人们对事件的体验性的角度出发,将现实(realis)定义为能通过直接感知来了解的情景,将非现实(irrealis)定义为纯属思维领域、只能通过想象来了解的情境。基于这个定义,可以看到,无论是意图还是预期结果,都只存在于施动者的思维之中,是非现实的。即便行为是现实的,目的也是非现实的。这在语法形式上表现为主句中的行为动词后面能加完成体标记"了",而前置和后置目的从句中的动词都不能加。例如:

　　(43) a. *为了扩大了自己的影响力,企业登了很多广告。〔同
　　　　　　 (33a)〕

　　　　　b. *企业登了很多广告,以便扩大了自己的影响力。〔同
　　　　　　 (34a)〕

　　正因为行为与目的之间存在着这种现实与非现实的对立关系,而可以通过直接感知来了解的现实情景要比只能通过想象来了解

的非现实情景更为具体,也更容易被认识,所以人们在认识某一"行为—目的"关系时,往往是由具体而抽象,先感知到现实的行为再了解到非现实的目的,尽管在心理表征中意图是先于行为出现的。

　　在言语交际中,说话人都或显性或隐性地表明了自己的视角(perspective),并在话语中以一定的语言手段来设置(setting)自己的视角(参看 van Dijk, 1981：157 - 159)。当说话人以时间顺序的视角来表述"意图—行为"关系时,就会由意图到行为地来进行句法编码,例如(40a)(41a)。但是,为了让听话人能更好地理解自己所表达的信息,说话人往往又会从听话人的视角来进行表述,让小句的线性序列与听话人由易到难或由具体到抽象的认知顺序相一致,即以先行为后意图的方式来进行句法编码,例如(40b)(41b)。可见,无论前置还是后置的"为"类目的从句,都是对"意图"的句法编码。这种语序上的差异是由说话人视角的转变所造成的。与"意图—行为"关系不同的是,"行为—预期结果"关系只能以后置目的从句这一种语序来表达,而不能采用前置目的从句,如(9)所示。这是因为无论在时间顺序上还是在听话人由现实到非现实的认知顺序上,预期结果都是后于行为的,所以以这两种视角来表述"行为—预期结果"关系,句法编码的方式都是先行为后预期结果。

　　然而,语言形式的演变和用法的演变往往是不同步的。一般来说,形式的演变要滞后于用法的演变(参看沈家煊,1994)。这种矛盾也对"为"类目的从句的语序格局产生了深刻的影响。由于语法化的渐进性,"为了""为着"和表目的义的"为"等词在现代汉语共时平面中兼有动词、介词、连词三种词类属性,其中介词属性是最主要的,动词属性已经很弱,而连词属性还不太被认可。① 以"为了"为例:

――――――――――

　　① 《现代汉语词典》(第7版)和《现代汉语规范词典》(第3版)中,"为了""为着"和表目的义的"为"都只标注为介词(中国社会科学院语言研究所词典编辑室,2016：1366 - 1367;李行健,2014：1368 - 1369)。但我们认为,如果这些词后面引导的是一个小句,尤其是当该小句的主语与主句的主语不同时,如(44c)所示,那么它们就可以分析为连词了。

(44) a. 张三拼命地挣钱,主要为了房子。(动词)

　　 b. 为了房子,张三拼命地挣钱。(介词)

　　 c. 为了儿子能在市区买套房子,张三拼命地挣钱。(连词)

现代汉语中,由前置介词或框式介词构成的介词短语基本上都前置于动宾短语,而不能后置,如(45a—b)所示。[①] 这是由于历史上VP结构逐渐复杂化,为"使VP后的构成不太复杂"而"使介词词组尽可能前移"(张赪,2002:261)。再回过来看"为"类目的标记。由框式介词"为(了)……起见"构成的介词短语极少后置于主句,这一点上文中已经指出。前置介词"为""为了""为着"等由于已经发生了连词化,如果把它们看作介词的话,相应的介词短语也不能后置于主句;但如果把它们看作连词的话,那么它们引导的小句就可以后置于主句了。不过,由于连词化程度还比较低,像(40b)这样的后置"为"类目的从句的用频还是很低的〔参看尹洪波(2011)的统计数据〕。

(45) a. 他向老王借了一本书。

　　 b. *他借了一本书向老王。

既然"为""为了""为着"由于介词性强、连词性弱,所引导的目的从句也不容易后置,那就与说话人从听话人的视角来编码意图的语用需求相矛盾了。为了解决这一矛盾,可以引入表"解释说明"的系动词"是"来帮助表达。如(42a)所示,"是为了"作目的标记时,动宾短语"为了职工能安心工作"整个充当"是"的宾语,来说明前面行为的意图;而"为的是"作目的标记时,"为的"转指前面行为的意图,"是"后面的宾语"职工能安心工作"则用来说明这个意图。"是为了"和"为的是"在这里作为"联系项"(relator)将前后两个语言单位联结在一起,[②]并标明它们之间的语义关系,其优先位置就在两个被

---

　　① 只有一些表示"动作结果所在场所"的介词短语可以后置于动宾短语做后置状语,例如:他种了一棵树在院子里。

　　② 两个小句之间的位置是连词的形成的典型环境。从近代汉语开始,"是为了"和"为的是"就在结构和语义上逐步地凝固,并朝着目的连词的方向演化。有学者就认为现代汉语中的"是为了"和"为的是"已经是目的连词了(周刚,2000:22-23)。

联系的成分之间(Dik, 1997:391-416)。因此,为了确保联系项居中的优先位置,由"是为了"和"为的是"引导的目的从句在语序上只能后置不能前置。

因此,"为"类目的从句不论前置还是后置,都是对"意图"的编码。不同的"为"类目的从句在语序上的不同表现是由目的标记本身的句法功能所决定的。

5.6　小　　结

综上所述,目的是一个上位概念,其下又包括意图和预期结果这两个子概念。意图与预期结果的差别不仅体现在心理表征上,也体现在交际功能上。这些差别正是造就汉语中两种目的从句语序和两套目的标记的根本理据。

简单地说,汉语使用者为了在语言形式上表现出意图与预期结果的差别,就采用了不同的句法手段对它们进行编码。一是语序手段。由于意图和预期结果在心理表征上的顺序不同,就分别用前置和后置目的从句来象似地反映这种顺序。因此,目的从句的两种语序模式遵循的都是时间顺序原则。以往研究者之所以质疑时间顺序原则对目的从句的解释力,是因为没有注意到"目的"的两个下位概念之间的区别。二是标记手段。由于意图和预期结果在交际功能上分别与原因和结果有相通之处,就分别用与原因标记和结果标记相同或相似的形式来编码意图和预期结果。这也符合语言构造的经济性原则。以往对目的从句语序的研究几乎都没有将目的标记也纳入考察范围之内,但实际上这两种手段是对同一对概念的句法编码。

此外,后置的"为"类目的从句也是对意图的编码。由于意图的非现实特征,使其不容易被听话人认知。为了让听话人更好地理解话语内容,说话人会站在听话人的视角来组织话语——从容易认知的行为事件到不容易认知的意图事件。这直接导致了"为"类目的从句可以违背时间顺序原则而采用后置语序。

　　最后还要说明的一点是,作为认知理据,从意图到行为的时间顺序固然是"为"类目的从句前置语序出现的根本原因。但是,这种语序模式得以从先秦一直保持至今,与汉语中介词结构前置的句法特征也有密不可分的关系。我们可以预见,如果"为"类目的介词继续向连词方向虚化的话,前置目的从句的数量也会随之在汉语中逐渐减少,取而代之的是后置的"为"类目的从句。因为语序和谐、联系项居中,以及听话人视角等三项动因都要求汉语应以后置的目的从句为优势语序。这种情况已经在与前置目的从句功能相通的原因从句上表现出来了。现代汉语中的原因标记兼有介词和连词两类属性,因此原因从句既能前置,也能后置,还可以内嵌于主谓之间充当状语,如(46a—c)所示。但是,由于原因标记的连词化程度较高,其作为介词的用频也很低,所以后置语序已经成为原因从句的优势语序了(相关统计数据参看宋作艳、陶红印,2008)。

　　(46) a. 因为生病,他请假了。

　　　　　b. 他请假了,因为生病。

　　　　　c. 他因为生病请假了。

第六章　目的从句主语的隐现
及其制约因素

　　省略和隐含是语言运用中出现的同语义、句法和语用等都密切相关的成分空缺现象。在现代汉语主从复句中，从句主语的省略或隐含是很常见的现象，这个问题也一直为学者们所关注(方梅，1985；陈伟英，2009；唐莹，2011：51-54 等)。不过，目前学界公认的区分省略和隐含的标准在具体操作时仍存在着一些问题①，因此，在不影响结论的前提下，我们在行文中不对主语的省略和隐含做具体的区分，而统称为"隐"或"隐主语"。

　　一般来说，复句中从句主语的隐现呈现如下的规律：当从句主语和主句主语同指时，可以只出现主句主语，而隐去从句主语；当从句主语和主句主语异指时，那么这两个主语必须都出现。而当从句的主语不出现时，它也优先被解读为与主句主语同指，或者说是它与主句主语同指的可能性要高于与主句中其他名词短语同指的可能性。这一表现是有语用上的理据的。根据 Levinson(2000：217-236)的研究，在话语交际中，说话人总是尽量少说，以最少的充足信

———————

　　① 学界一般都接受吕叔湘(1979：67-68)提出的"是否可以添补出来"的标准来区分省略和隐含，即省略的成分可以补出来，而且只有一种补法；隐含的成分只是意思上有，实际上是补不出来的，即使可以添补，也不止一种补法(参看张国宪，1993；施关淦，1994 等)。但问题是，"是否可以添补出来"在句法上和语义上的表现有可能是不同的。请看下面这个例子：

　　某天中午，张三在寝室吃饼干，这时李四回来了。张三把饼干递给李四说："这个饼干非常好吃。"

　　李四摇摇手说："我刚吃过。"

　　从句法上看，"我刚吃过"这句话中谓语动词"吃"缺失了一个核心论元，而且它是唯一的，只能是"吃"的受事宾语；但从语义上看，这个缺失的论元有多种补法，既可以是"饼干"，也可以是其他食物，即李四想表达的意思是自己已经吃饱了，不想再吃饼干。

息来满足交际的需要,而听话人会通过特定的解释来扩大说话人话语的信息内容。主语同指既是保证说话人在信息减少(即隐去从句主语)的情况下也能满足交际需求的前提,同时也是听话人赖以扩大说话人话语信息内容的基础。也就是说,当从句的主语不出现时,听话人就倾向于将其理解为与主句的主语同指。相反,主语异指时就不具备这样的前提和基础了,因而从句的主语也就不能被隐去。

然而,在目的复句中,目的从句主语的隐现并不像上面所说的那么规律。有时候,目的从句和主句的主语同指,但两者却一起出现。又有时候,目的从句和主句的主语异指,但目的从句的主语却隐去了。另外,有些标记(如"为了""以便"等)引导的目的从句中,主语既可以出现也可以隐去;而另一些标记(如"好""来"等)引导的目的从句中,主语却强制隐去。这些现象在以往的目的复句研究中都不太为学者们所关注。本章将对此进行细致的考察与分析,并从语用和句法两个方面揭示出目的从句主语隐现的制约因素。

6.1　主语的同异与隐现

6.1.1　主语同指时的隐现

当目的复句中目的从句和主句的主语同指时,一般只出现主句的主语,而不出现目的从句的主语。例如:

(1) 他$_i$正在读梵文,以便 $\emptyset_i$ 研究印度教。① (王安忆《妹头》)

(2) 为了 $\emptyset_i$ 规范市场价格行为,辽宁省$_i$从去年初开始普遍推行了明码标价制度。(《人民日报》1995 年)

(3) 你爷儿俩$_i$在这里歇着,以免 $\emptyset_i$ 危险。(金庸《白马啸西风》)

(4) 北平的汉奸们$_i$死不要脸的向日本军阀$_j$献媚,好 $\emptyset_i$ 巩固自己

---

① 两个 NP 如果使用同一个下标,比如 i,就表明它们是同指的;如果使用不同的下标,比如 i 和 j,就表明它们是异指的。$\emptyset$ 表示隐去的主语。下同。

的地位。(老舍《四世同堂》)

(5)市场营销人员$_i$就必须分析给定人口的年龄分布,来$\emptyset_i$评估潜在市场。(《哈佛管理培训系列全集》)

上述五例中,目的从句虽然都没有出现主语,但实际上却都存在着一个有词义而无词形的隐主语。而且,听话人对具体句子中某个隐主语的理解也只有一种可能,即其所在复句中主句的主语。其中,(2)中目的从句的隐主语和后面的主句的主语同指,其他四例中目的从句的隐主语都和前面的主句的主语同指。

唐莹(2011:54)基于对语料库中随机抽取的500例目的复句的分析,得出如下结论:当目的复句中两个分句的主语同指时,"必隐其一,或双双承前隐略,不会出现两者共现的情况"。但根据我们对语料的考察,主句和目的从句的两个主语同指且共现的例子也为数不少。例如:

(6)总统$_i$已要求这些议员$_j$停止在议会的静坐示威,以便他$_i$通过其它途径解决这场政治危机。(新华社2004年新闻稿)

(7)有的皇帝$_i$死后没儿子$_j$,太后、外戚$_k$就从皇族里找一个孩子$_l$接替皇帝$_i$,以便他们$_k$控制政权。(林汉达、曹余章《上下五千年》)

(8)驭风$_i$眼睛眨也不眨,望着她$_j$甜美的睡容,心里盘算该如何加紧脚步娶她$_j$,以免自己$_i$因守礼而早殒。(宋齐《娇娇楼兰女》)

(9)下意识的,他$_i$避开了她$_j$清澈而纯真的眼眸,以免自己$_i$说不下去。(琼瑶《鬼丈夫》)

上述例句中,目的从句的主语不是和主句主语相同的名词(短语),而是以代词的形式来指代主句主语,如"他""他们""自己"等,这同样表明了二者是同指关系。而且,这些代词主语都不能隐去,否则听话人就无法明确从句隐主语的具体所指是什么。这是因为这些目的复句的主句中都出现了两个(或两个以上)有可能充当目的从句主语的成分。比如,(6)中,如果将目的从句的主语"他"隐去,那么听话人就无法明确"通过其它途径解决这场政治危机"的施事究竟是"总统"还是"这些议员"。但用了"他"之后,就表明所指对象只能是"总统",如果要指代"这些议员"的话,就必须用第三人称复数代词"他们"。其他三例也是这种情况,兹不赘述。可见,当主句和目的从句的主语同指时,如果隐去从句主语会影响听话人对句子的理解,那么这个主语就必须出现。

6.1.2　主语异指时的隐现

当目的复句中目的从句和主句的主语异指时,二者通常是共现的。例如:

（10）为了我国水上安全监督事业ᵢ进一步发展,交通部ⱼ近日在北京召开了全国水上安全监督工作会议。（《人民日报》1995 年）

（11）从前,遇到兵变与大的战事,老人ᵢ便拆开一块墙,以便两个院子的人ⱼ互通消息和讨论办法。（老舍《四世同堂》）

（12）韩国有关部门ᵢ宰杀了约 160 万只鸡鸭ⱼ,以防禽流感ₖ蔓延。（新华社 2004 年新闻稿）

（13）咱们ᵢ去陪阿芳ⱼ,省得她ⱼ冷清。（李国文《危楼记事》）

（14）这样既显示了自身ᵢ的修养,给别人ⱼ留下了好印象,也免得自己ᵢ尴尬。（《作家文摘》1993 年）

上述例句中,主句和目的从句的主语都是异指的。其中任何一个句子,如果隐去目的从句的主语,都会导致话语表达不清,听话人也无法明确这个隐主语的所指对象是什么。(10)—(12)中目的从句主语的所指对象没有在主句中出现过,相反,(13)—(14)中目的从句主语的所指对象已经在主句中出现过了。不过,即使出现过,如果隐去主语,听话人也无法准确判断隐主语的所指具体是什么,所以必须使主语出现以起到消解句子歧义的作用。比如,(13)中如果删去"她",听话人就不知道究竟是"省得咱们冷清"还是"省得阿芳冷清",(14)中如果删去"自己",听话人也不知道究竟是"免得自己尴尬"还是"免得别人尴尬"。因此,如果说话人考虑到主语隐去会造成听话人理解话语时的歧解或困惑,那就必须将其明确地表达出来。

但是,说话人如果能够确保目的从句的主语隐去之后不会影响听话人对句子的理解，或者是说话人认为无论听话人对目的从句的隐主语作怎样的解读，对言语交际都没有影响，那么即使目的从句主语和主句主语异指，也可以隐去。例如：

(15) 医生$_i$禁止他$_j$活动，以免$\emptyset_j$肌肉疲劳。(《人民日报》1995 年)

(16) 欢迎来我公司$_i$参观考察，来人$_j$请先电告启程日期，以便$\emptyset_i$迎接。(《市场报》1994 年)

(17) 居民$_i$必须分类处理空罐、空瓶、旧报纸等垃圾$_j$，以便$\emptyset_k$回收。(《市场报》1994 年)

(15)和(16)中，目的从句的主语都没有出现，但听话人可以根据上下文间的语义联系明确地判断出：(15)中目的从句的隐主语只能回指主句宾语"他"，而不能是主句主语"医生"。(16)中目的从句的隐主语只能回指第一个小句中的"我公司"，而不能是主句主语"来人"。(17)中目的从句的隐主语无法理解为主句中的"居民"或"垃圾"，也就是说，语境没有提供足够的信息来让听话人理解其所指的对象是谁，但"居民"都知道有人会回收垃圾。从话语交际中信息传递的角度来看，这句话的信息重点在于让居民对垃圾进行分类，至于由谁来回收垃圾，和居民没有直接关系，其信息价值很低，可以不表达出来。

综上所述，目的从句主语的隐现并不取决于主句和目的从句中的两个主语是否同指，而是取决于目的从句主语的隐去是否会造成听话人解码时的困难。如果会的话，那么无论主语是否同指，目的从句的主语都必须出现；如果不会的话，那么无论主语是否同指，目的从句的主语都可以隐去。

6.2　强制隐去主语的目的从句

通过上文的分析，我们可以看到，不论主句和目的从句的主语是否同指，目的从句的主语都有出现或不出现的可能。因此，通常一个目的标记既可以引导出现主语的目的从句，也可以引导隐去主语的目的从句。比如,同样都是以"以便"来引导的目的从句,(6)(7)(11)中的是主语出现的,而(1)(16)(17)中的是主语隐去的。然而,也有一些目的标记所引导的从句中主语是强制隐去的。一旦主语出现,整个目的复句就不能成立了。例如:

(18) 我$_i$想早日完成学业,好 $\emptyset_i$减轻姜妈妈的负担。(《人民日报》1995 年)

(19) 中央$_i$原本打算通过农村税费的合并、暗费变明税的办法,来 $\emptyset_i$进行地方支出总量的控制。(陈桂棣、春桃《中国农民调查报告》)

(20) 教师$_i$应充分发挥主动性和积极性,……调动学生家庭和社会力量中的积极因素,去 $\emptyset_i$抵制和克服影响学生发展的消极的不良因素。(《基础教育学》)

(21) 一些营销者$_i$打出了"买一送一"之类的招牌,借以 $\emptyset_i$招徕顾客。(《人民日报》1995 年)

(22) 你$_i$应当保留第十七印度师$_j$,用来 $\emptyset_j$防御日军。(翻译作品《第二次世界大战回忆录》)

(23) 一位年轻妇女$_i$征求大量盖销过的黑便士邮票$_j$,用以 $\emptyset_i$裱糊她的梳妆室墙壁。(《市场报》1994 年)

(24) 中国网球队$_i$将派出 11 名球手$_j$出征此次大赛,旨在 $\emptyset_i$获取更多的世界排名分和拿到更多的雅典奥运会入场券。(新华社 2004 年新闻稿)

(18)—(24)中,目的从句的主语强制隐去,而且这些隐主语都是和主句主语同指的。还有一些句子中,目的从句和主句的主语异指,但目的从句主语也是强制隐去的。例如:

(25) 曹操$_i$不肯放他$_j$,把他$_j$留下来做了随从医官,好 $\emptyset_j$随时给他$_i$治病。(林汉达、曹余章《上下五千年》)

(25)中出现了三个"他",但它们并不都是同指的,通过句子内容可以判断出前两个"他"同指,是做"随从医官"的人,而最后一个"他"与前两个"他"异指,是"随从医馆"医治的对象,也就是主句主语"曹操"。目的从句中的隐主语与主句中的"他"同指,而与主句主语不同指。

我们可以看到,(18)—(25)中的目的从句,尽管我们可以在语义上判断出隐主语的所指对象,但是无法在句法上将其补出来。这和其他目的从句隐去主语的情况不同。比如,同样是主语同指时隐去目的从句主语的例子,(1)中的隐主语可以补出来,在句法上也合格,但(18)中的隐主语就不能补出来,否则在句法上就不合语法了。例如:

(26)他_i正在读梵文,以便他_i研究印度教。〔例(1)变式〕

(27)*我_i想早日完成学业,好我_i减轻姜妈妈的负担。〔例(18)变式〕

还有,同样是主语不同指时隐去目的从句主语的例子,(16)中目的从句的隐主语可以补出来,句子依然成立,而(25)中目的从句的隐主语却补不出来,否则在句法上就不合语法了。例如:

(28)欢迎来我公司参观考察,来人请先电告启程日期,以便我公司迎接。〔例(16)变式〕

(29)*曹操不肯放他,把他留下来做了随从医官,好他随时给他治病。〔例(25)变式〕

(19)—(24)中,目的从句的隐主语也都是不能补出来的,与(18)中的情况相同,兹不赘述。也就是说,以"好""来""去""借以""用来""用以""旨在"等标记引导的目的从句中,主语都是强制隐去的。

根据6.1节的讨论,目的从句主语能够隐去的前提条件是主语隐去之后不会给听话人的解码带来困难。既然以"好""来""去""借以""用来""用以""旨在"等标记引导的目的从句是强制隐去主语的,那就表明说话人在使用这些目的标记编码时就必须保证听话人能够明确隐主语的具体所指是什么。如果被隐去的主语的所指内容对听话人来说不明确或存在歧解的话,就不能使用含有这些目的标记的目的从句了。请比较下面这组例子:

(30)a.我_i想结识美国人民_j,以便他们_j能够更好地了解中国。

（新华社 2004 年新闻稿）

b. #我$_i$想结识美国人民$_j$，好 Ø 能够更好地了解中国。

c. *我$_i$想结识美国人民$_j$，好他们$_j$能够更好地了解中国。

如果将(30a)中的"以便"替换为"好"，如(30b)和(30c)所示，那么无论目的从句的主语出现与否，句子都不能成立。(30b)不能成立，不是句法上不合格，而是语义上的问题，即语义上不等同于(30a)，我们用"#"来标记。这个目的从句中隐主语的指称对象不明，会造成听话人理解上的困难，到底是"我能够更好地（通过美国人民）了解中国"，还是"美国人民能够更好地（通过我）了解中国"，在主语隐去的情况下是无法判断的，而原句只有后一种意思。(30c)不能成立，是因为主语"他们"的出现与"好"所引导的目的从句强制隐去主语的句法要求相矛盾。

如果一定要用强制隐去从句主语的目的标记将两个主语不同的事件连接起来表达目的语义关系的话，那就必须在目的标记和从句主语之间插入致使动词"让""使"等。例如，(30c)中可以在目的标记"好"和从句主语"他们"之间插入致使动词"让"，这样句子就能成立了，如(31)所示。

（31）我$_i$想结识美国人民$_j$，好 Ø$_i$让他们$_j$能够更好地了解中国。

不过，(31)中目的从句的主语并不是"他们"，而是致使动词"让"之前被强制隐去的主语"我"。也就是说，致使动词的插入，为目的从句提供了两个可以用来编码主语的"槽位"(slot)，一个是致使动词前面的从句主语，另一个是致使动词后面的兼语，兼做"让"的宾语和"能够"的主语。前一个主语隐去，后一个主语出现。这样就既解决了(30c)中目的从句主语出现后不合句法的问题，也解决了(30b)中隐主语所指对象不明确的问题。其他要求所引导从句的主语强制隐去的目的标记也都可以采取这种手段来表达两个拥有不同主语的事件之间的目的语义关系。例如：

（32）他$_i$仍然用向父亲$_j$告发这样的方式，来 Ø$_i$让做了错事的国庆$_k$胆战心惊。（余华《在细雨中呼喊》）

（33）日本老头;飞回日本,去 Ø; 让那些日本人;对他;点头"哈依",心甘情愿地捐出口袋里的钱。(《人民日报》1996 年 2 月)

（34）在汽车;底的中部还安装了一个可收缩的旋转盘,用来 Ø;使汽车;在铁路上调头。(《中国少年儿童百科全书》)

（35）他;还把数瓶氨水交给剧院招待员;,用以 Ø;使那些晕倒的观众k恢复知觉。(《哈佛管理技能培训教程》)

（36）伊拉克军队;曾经试图阻断美国卫星;发出的 GPS 信号,借以 Ø;使美国的精确制导炸弹k偏离目标。(《科学周刊》2006 年)

（37）卢武铉;启用李宪宰;担任主管经济的副总理,旨在 Ø;让他;在改变当前韩国经济不景气局面方面发挥作用。(新华社 2004 年新闻稿)

6.3　语用和句法的互动

6.1 节和 6.2 节已经揭示出目的从句的主语有时是选择性出现的,有时是强制隐去的,但这些跟目的从句主语是否与主句主语同指并没有关系。本节将进一步探讨制约目的从句主语隐现的根本因素。

6.3.1　语境信息与会话合作原则

语境是"人在理解一个语句时所使用的所有前提的集合"(Sperber 和 Wilson, 1995：15),话语的表达与理解必须依赖于双方共知的语境信息。一方面,说话人在编码时可以借助语境"筛滤多余的信息";另一方面,听话人在解码时也可以依赖语境"补充欠缺的信息"。这就是西槙光正(1992：42)提出的"语境的滤补功能"。

根据 Grice(1975：45)提出的"会话合作原则"(cooperative principle)中的"数量准则"(quantity maxim),说话人要"使自己所说的话达到(交谈的现实目的)所要求的详尽程度,不能使自己说的话比所要求的更详尽"。因此,在话语编码时,如果某些内容可以由语境信息来提供的话,说话人就可以将这些内容的编码形式"筛滤"掉,以满足"数量准则"的要求。例如,(38)和(39)中目的从句的隐主语就是如此。

(38)为了 $\emptyset_i$ 缓解这一矛盾,满足读者的需要,本报_i由八个版增加到了十二个版。(《人民日报》1995 年)

(39)公交汽车公司团委_i对公交 46 名青年司售人员_j进行了礼仪培训,以便 $\emptyset_j$ 更好地为中外宾客服务。(《人民日报》1993 年)

(38)中目的从句的隐主语是主句的主语"本报",(39)中目的从句的隐主语是主句的对象成分"公交 46 名青年司售人员"。这些隐主语的所指内容都可以由语境所提供的信息而得以明确,在听话人解码时被补充出来,不会因为隐去而造成听话人理解上的困难。语境的筛滤功能有利于目的从句表达的经济性,隐去可以从语境中推知的主语,既能使语言表达更为简洁,避免重复和累赘,同时也能使话语传递的新信息更为突显。

要使语境的滤补功能发挥作用,前提是语境信息必须是足量的。如果语境信息不足量,滤补功能就无法发挥作用了。例如:

(40)连部几个干部_i看老范_j背地里那愁眉苦脸、唉声叹气的样子,心里也不好受。发津贴那天,几个干部一商量,干脆每个人_i给他_j凑点儿。就这样,指导员_k拿出 500 元,副连长_l拿出 400 元,司务长_m拿出 400 元,还有王营长_n、田排长_o也拿出几百元,一共凑了 2 000 元,让他_j赶快给妻子_p寄去,省得她_p着急上火。(《人民日报》1995 年)

(40)中目的从句的主语"她"回指上文中的"妻子"。虽然这个主语的所指对象已经在语境中出现,但仍然不能将主语隐去。因为一旦隐去主语"她",那么听话人既可以将这个隐主语理解为"妻子",也可以理解为"老范",这样就会产生歧义,而且语境的滤补功能也无法消除这一歧义。再如:

(41)为了他人_i不再受害,我_j进行了上百次的上访。(《人民日报》1995 年)

(41)中目的从句的主语"他人"没有在主句中出现,如果将其隐去,听话人就会很自然地根据上下文语境将其理解为与主句的主语"我"同指。这就完全违背了说话人所表达的意思。

在话语交际中,说话人的目的是向听话人传递一定的信息,并且要确保这些信息能够准确地被听话人所理解。因此,说话人在编码时需要从听话人的角度来考虑。根据 Grice(1975：46)提出的会话合作原则中的"方式准则"(manner maxim),说话人在表达时要"避免歧义"。因此,当说话人意识到语境信息不足时,就不能将目的从句的主语隐去,如(40)和(41)所示。否则,就会造成听话人理解上的困难,从而导致话语交际的失败。也就是说,为了使说话人的语言表达更为清楚和明确,避免听话人理解时的模棱两可与含糊不清,(40)和(41)中目的从句的主语都必须出现。

数量准则与方式准则并不是矛盾的,二者是对立统一的关系,共同服务于语言的交际功能,但数量准则必须以方式准则为前提,即说话人要在表达明晰的前提下追求表达的经济,以最简洁的话语来使听话人准确理解所传达的信息。与此同时,表达明晰与否又与语境信息是否足量密切相关。就目的从句而言,当语境提供的信息足以使听话人明确从句主语的所指时,说话人就没必要将其表达出来,这样既遵守了方式准则也遵守了数量准则。相反,当语境提供的信息不足以使听话人明确从句主语的所指时,说话人就必须将其表达出来。不能为了遵守数量准则而放弃了方式准则。因此,基于语境信息的会话合作原则是制约目的从句主语隐现的重要因素。

6.3.2　句法特征的保持

现代汉语中有些目的从句是强制隐去主语的(详见 6.2 节),这表明除了语用因素之外,目的从句主语的隐现还受到了其他因素的制约。根据语法化的"保持原则"(the principle of persistence),由实词语法化而来的虚词,还会保持原来实词的一些特点(Hopper,1991：28 - 30;沈家煊,1994)。虚词的来源往往就是以这些残留的特点为线索考察出来的。实际上,不仅是实词虚化,语法结构的演变也同样遵循着保持原则。我们发现,"好""来""借以""用来""用以""旨在"等标记引导的目的从句之所以强制隐去主语,正是其源结构中动词句法特征保持的结果。下面具体举例说明。

目的连词"好"是由助动词"好"演变而来的。例如：

（42）这块玉上尖下圆，好做一个摩侯罗儿。（冯梦龙《警世通言》第八卷）

小句连词出现的典型环境是在两个小句之间且位于后一小句的句首。当助动词"好"经常出现在这样的环境中时，如（42）所示，就为诱发它向连词演化提供了重要的句法条件。此外，"说话者主观认定的目的关系的存在"则是"好"得以演化为目的连词的语义条件（李晋霞，2005）。又如：

（43）行者道："……留个活的，好去国内见功。"（吴承恩《西游记》第六十三回）

（43）中的"好"既能理解为助动词，也能理解为连词，是介于二者之间的一种情形，即处于语法化的中间阶段，关键取决于说话者主观上是否认定前后两个小句之间存在着目的语义关系。

由助动词"好"到连词"好"的演变是个渐进的、连续的过程。直到现代汉语中，目的连词"好"仍然带有较强的助动词性。例如，（44a）中的"好"如果要替换为目的连词"以便"，就必须把"以便"提到主语"他"之前，不能像"好"那样放在"他"之后，如（44b—c）所示。相反，"好"就不能像"以便"那样提到"他"之前，如（44d）所示。（参看王凤兰，2008b：88-89）

（44）a. 他盼望有人出来反对，他好跟进。（周而复《上海的早晨》）

　　　b. 他盼望有人出来反对，以便他跟进。

　　　c. *他盼望有人出来反对，他以便跟进。

　　　d. *他盼望有人出来反对，好他跟进。

助动词的句法特征之一就是只能带动宾式宾语或动词宾语，而不能带主谓式宾语。① 因此，助动词的典型句法位置就是在主语和

---

① 学界对"助动词＋动词短语"结构的句法关系有两种看法：一种认为是动宾关系（朱德熙，1982：61），另一种认为是状中关系（李晋霞，2005）。我们认同第一种观点，因为助动词和动词一样，可以用正反问的形式进行提问，例如"他会不会开车"，而状语是不能用正反问的形式提问的，例如"*他马上不马上开车"。

动词短语之间,而不能像连词那样置于主语之前的小句句首位置。(44a—d)中"好"与"以便"在分布上的差异表明目的标记"好"的语法化程度还不够高,仍然保持着助动词的句法特征,所以只能引导动宾式小句,而不能像典型的连词"以便"那样引导主谓式小句。

"借以""用来""用以"和"旨在"都是正在向目的连词演化中的动词,或者说是动词性的跨层结构。例如:

(45)农业税是国家借以集中人民公社一部分收入其中包括部分级差土地收入的重要形式之一。（汪旭庄《社会主义制度下的级差土地收入》）

(46)这些标准表格或核查单,用以记录各项活动的结果,为质量控制提供客观证据。（《哈佛管理培训系列全集》）

(47)武术是用来抵抗外来入侵的,而不是用来内部斗争的。（张小蛇《李小龙的功夫人生》）

(48)罗什译经,旨在传述"经中偈颂",恢复梵颂文藻。（沈福伟《中西文化交流史》）

上述例子中的"借以""用以""用来"和"旨在"在句法功能上都相当于典型的谓宾动词。它们在语义上都"具有[＋意愿]的语义特征,……其谓词性宾语必须是主语内心希望自己发生的某一行为"（崔少娟,2011:13）。因此,这些动词后面只能带动宾式宾语,而不能带主谓式宾语。

当这些动词用于两个小句间且位于后一小句的句首时,就具备了向连词演化的句法条件。又由于这些动词具有[＋意愿]的语义特征,而意图性是目的范畴最根本的语义特征(见第二章2.2.1节),因此其前后小句间的语义也就有了分析为目的关系的可能性。例如:

(49)本版今天刊登由记者采写的调查汇报,借以告诉人们什么是行政诉讼。（《人民日报》1995年3月）

(50)根据中国人民银行关于结算账户管理的有关规定,每个法人仅可开立一个基本账户,用以提取现金及日常结算支付等。（《办理银行开户手续》）

（51）最近美国还发射了一颗人造卫星，用来监测大气中的臭氧变化。（《环境保护的监测哨兵》）

（52）市政府先后召开了绿化工作会议，签署了退耕还林的决议，旨在抓紧时机加快植树造林的进度。（新华社2004年新闻稿）

上述例句中的"借以""用以""用来"和"旨在"都可以替换为目的连词"以便"，且整体的句义不变，这表明这些动词正处于向连词语法化的中间状态。不过，它们的动词性也还很强。比如，（49）的"借以"、（50）的"用以"和（51）的"用来"前面都可以加上副词"专门"等来修饰，而（52）的"旨在"前面也可以加上副词"都"来修饰。如果换成"以便"之后，就不能加副词修饰了。同样，这些动词"只能带动宾式宾语、不能带主谓式宾语"的句法特征也还保持着。因此，"借以""用来""用以"和"旨在"等引导的目的从句也只能是动宾式的，不能是主谓式的。也就是说，这类目的从句中不能出现主语。

目的标记"来"和"去"都是由同形的位移动词演变而来的，其语法化的句法环境是"VP_1＋来／去＋VP_2"的连动句。例如：

（53）老大娘穿了最洁白的衣裙来向团长致谢。（老舍《无名高地有了名》）

（54）古勒山战役刚刚结束，努尔哈赤就于十月亲率大军五千兵马，去讨伐朱舍里部。（李文澄《努尔哈赤》）

（53）中的"来"和（54）中的"去"都是位移动词，分别表示"前来"和"去往"的意思。但是，"来"和"去"在句子中并不是表义的重点，可以说是可有可无的，即使将它们删除之后也不影响句义的表达。又如：

（55）老大娘穿了最洁白的衣裙向团长致谢。〔例（53）变式〕

（56）古勒山战役刚刚结束，努尔哈赤就于十月亲率大军五千兵马，讨伐朱舍里部。〔例（54）变式〕

与（53）（54）相比，（55）（56）中已经没有了位移义"前来""去往"的表达，而且原先只有时序关系的两个动作"穿了最洁白的衣裙"和"向团长致谢"之间，以及"亲率大军五千兵马"和"讨伐朱舍里部"之间,也建立起了目的语义关系。

如果说话人在主观上不断强化"来""去"前后两个 VP 之间的目的关系,那么"来""去"的位移义也会逐渐消失。这就为没有实词意义的连词"来""去"的形成提供了语义条件。随着语法化程度的加深,就出现了只表连接功能,而没有位移义的目的标记"来""去"了。例如:

(57)他亲自参加耕种,叫他的夫人自己织布,来鼓励生产。(林汉达、曹余章《上下五千年》)

(58)经营者要不断通过市场调查和预测,……采取灵活的适应市场态势的策略,去争取较大的利益。(《选择目标市场的三种策略》)

由于语法化不彻底,以"来""去"为标记的目的复句也保留着原先连动句的一些句法特征。连动句中各项 VP 必须共享同一个主语(Tallerman,2020:103),而且在汉语这样的 SVO 语言中,该主语只能出现在第一项 VP 之前,如(59a)所示。如果相同的主语在每个 VP 前都出现,那就不是连动句了,而是表达动作在时间上前后相继的两个小句,如(59b)所示。

(59) a. 张三上街买菜。

　　　b. 张三上街,张三买菜。

同样,以"来""去"标记的目的从句源于连动句的后项 VP,因此也不能出现主语。例如:

(60)*他亲自参加耕种,叫他的夫人自己织布,来他鼓励生产。〔(例57)变式〕

(61)*经营者要不断通过市场调查和预测,……采取灵活的适应市场态势的策略,去经营者争取较大的利益。〔例(58)变式〕

综上所述,一些目的从句中强制隐去主语的现象并不是语用上的要求,而是句法上的要求。动词(或动词性结构)语法化为连词(包括功能上相当于连词的短语),功能上最显著的变化就是从带一个名词性宾语或谓词性宾语到带一个包含主语在内的完整小句。然而,由于语法化程度不够高,"好""借以""用来""用以""旨在"等目的标记还保留着原先的助动词和谓宾动词"只能带动宾式宾语、不能带主谓式宾语"的句法特征。另外,以"来""去"标记的目的从句中,同样因为语法化程度不够高,动词短语保留了原先连动结构中"非第一项 VP 不能带主语"的句法特征。因此,由这些标记引导的目的从句中都是不能出现主语的。

6.4　小　　　结

本章首先证明了目的复句中的主句和目的从句的主语是否同指与目的从句主语的隐现之间并没有关系,接着讨论了强制隐去主语的目的从句,最后指出目的从句主语的隐现在根本上是受到来自语用和句法两方面因素的综合制约。具体表现如下:

首先,受语法化"保持原则"的制约,"好""用来""用以""借以""旨在"等目的标记保留了原先的谓宾动词(包括助动词)只能带动宾式宾语、不能带主谓式宾语的句法特征,因此它们所引导的目的从句也只能是动宾式的、不能是主谓式的,因此目的从句中不允许出现主语。另外,由"来""去"标记的目的从句则保留了原先的连动结构中"非第一项 VP 不能带主语"的句法特征,因此目的从句的主语也不能出现。说话人采用上述目的标记来引导目的从句时,必须保证强制隐去的主语的信息可以通过语境的滤补功能得以明确,使听话人能准确地辨识出其所指对象,不会给听话人的理解带来困难。如果目的从句的主语无法从语境中推出,就必须出现,那要么在上述目的标记后面加上致使动词,使主语充当致使动词的兼语,要么改用其他允许从句主语出现的目的标记。

其次,其他标记引导的目的从句中,主语都是选择性出现的,其出现与否受到了基于语境信息的会话合作原则的制约。当语境信息足量时,隐去主语不会影响话语表达的明晰性,说话人就会遵循"数量准则"将目的从句的主语隐去。相反,当语境信息不足量时,隐去主语会影响话语表达的明晰性,说话人就会遵循"方式准则"将目的从句的主语表达出来。

　　在以往的研究中,大家主要都是从篇章、语用的角度来研究现代汉语中的主语隐现问题。很少有学者去关注被隐去的主语在句法上的制约因素。本文只就目的从句强制隐去主语的现象探讨了其背后的句法制约因素。那么,除了目的从句之外,其他结构中的主语隐现是否也和句法因素的制约有关,又在多大程度上受到了句法因素的制约(强制还是非强制)等等,这些问题还有待我们今后去做更深入的研究。

第七章 动宾目的式的构造及相关问题

7.1 从目的宾语谈起

汉语中动词与宾语之间的语义关系十分复杂,因此学者们习惯于从语义类型的角度来对宾语进行分类。设立"目的宾语"的思想始见于吕叔湘(2002[1976]：453,461)提出的"原因—目的补语"。[①]李临定(1983)则将目的宾语独立出来,与原因宾语分作两类。此后,学界基本上都认同将目的宾语单列一类的做法。本章将动词和目的宾语所构成的结构称为动宾目的式。

以往对目的宾语的界定主要是以语义为基础的,"宾语表示发出动作或行为的目的"(孟琮等,1999：10),也就是说,要看动词和宾语之间是否存在"行为—目的"语义关系。不过,这种定义并不能解决具体用例的归类问题,例如"查事故""查数据"等,其中的宾语通常被归入受事宾语的类别,但《汉语动词用法词典》中却标注为目的宾语(孟琮等,1999：38)。又如"写论文"等,其中的宾语通常被归入结果宾语的类别,但也有人将它们视为目的宾语(邵洪亮,个人通讯)。左双菊、杜美臻(2015)提出了目的宾语的复合鉴定模式,其中主要鉴定标准里的提问标准"有分门别类的作用""可以据此把目的宾语与原因宾语、受事宾语、结果宾语区分开来"。具体如下:

"提问标准。要求目的宾语 O 至少能回答以下格式中的一个问题。格式一：做出/出现 V 这种行为动作的目的是为了什么? 格式

---

① 吕叔湘(2002[1976]：452)把动词谓语句中"凡是代表有关事物的名词"都称作"谓语动词的补语"。

二：为了形成/获得什么而做出/出现 V 这种行为动作?"

按照这个标准，上面所举的三个例子中，只有"查事故"的宾语不是目的宾语，因为它不能用格式一和格式二来提问，而其他两例中的宾语都可以用这两个格式来提问。例如：

(1) 查事故→格式一：*做出/出现查这种行为动作的目的是为了事故

　　　　→格式二：*为了形成/获得事故而做出/出现查这种行为动作

(2) 查数据→格式一：做出/出现查这种行为动作的目的是为了数据

　　　　→格式二：为了形成/获得数据而做出/出现查这种行为动作

(3) 写论文→格式一：做出/出现写这种行为动作的目的是为了论文

　　　　→格式二：为了形成/获得论文而做出/出现写这种行为动作

然而，提问标准会把原本不被看作目的宾语的宾语也归入目的宾语之中，这样反而模糊了目的宾语和其他宾语之间的界限，使得问题更为复杂。例如，"买菜"和"卖菜"中的"菜"都是动作的对象，通常都看作受事宾语，但根据提问标准，"买菜"中的"菜"是目的宾语，而"卖菜"中的菜却不是目的宾语。

(4) 买菜→格式一：做出/出现买这种行为动作的目的是为了菜

　　　→格式二：为了形成/获得菜而做出/出现买这种行为动作

(5) 卖菜→格式一：*做出/出现卖这种行为动作的目的是为了菜

　　　→格式二：*为了形成/获得菜而做出/出现卖这种行为动作

可见,提问标准的本质也是语义标准,没有充分考虑句法上的表现。像"买菜"和"卖菜"中的"菜",在句法表现上完全一致,我们就没有必要强行按照提问标准将其区分为目的宾语和受事宾语。我们认为,对目的宾语的界定应该将语义和句法两方面的标准结合起来:语义上是动词和宾语之间构成"行为—目的"语义关系;句法上是"非核心的目的成分直接占据宾语位置"(孙天琦,2019:52)。也就是说,目的宾语不是由与之搭配的动词本身所决定的核心论元(即必有的,如果没有该论元则语句无法成立),它和动词之间没有论元选择关系。例如:

(6)他跑指标。

(7)他拉选票。

"跑指标"的意思是"为了拿到指标而奔走"。"跑"是不及物动词,只要求一个核心论元充当其主语。(6)中"跑"的目的成分"指标"是非核论元,与"跑"构成动宾结构,使"跑"增加了一个宾语的句法位置。"拉选票"的意思是"为了获得选票而拉拢人"。"拉"是及物动词,要求两个核心论元分别充当其主语和宾语,但是"拉"的宾语论元在语义上要求是人员或某些关系团体,而不能是"选票"。(7)中的"选票"作为"拉"的目的成分,也是非核心论元,但它直接占据了"拉"的宾语位置,而"拉"本身所要求的核心论元却没有出现。吉益民(2016)将这种现象称为"语义跳跃",即目的宾语不是动词的直接支配对象,二者之间的"语义关联间接曲折,需要相关逻辑语义成分和关系标记的补充",才能合理解释。

非核心论元是判定目的宾语的一个必要非充分条件。非核心论元的宾语不一定是目的宾语,但凡是句法上不是动词非核心论元的宾语,都不是目的宾语。所以,上文所举的"查事故""查数据""写论文""买菜"等动宾结构中的宾语都不是目的宾语,因为它们都是前面动词的核心论元。

李临定(1983)发现,"目的宾语可以用'为'提到动词前边〔逼债→为债(而)逼〕"。也就是说,动宾目的式与"为NP(而)V"结构之间存在着变换关系。后来研究目的宾语的学者大都认同此观点。《汉语动词用法词典》还将这种结构变换确立为目的宾语的"形式特征"(孟琮等,1999:10)。左双菊、杜美臻(2015)也以此作为鉴定目的宾语的变换标准,除了目的在前的"格式一:为了 O(这个目的)而做出/出现 V 这种行为动作"之外,还有目的在后的"格式二:做出/出现 V 这种行为动作的目的是 O"等。

这种观点被不断强化之后,就给人们造成了动宾目的式由"为 NP(而)V"结构构造而来的印象。袁毓林(1998:130,135)明确指出:目的成分"一般在介词的引导下占据状语的位置","需要通过述题化(rhemization)这种语法过程才能占据宾语的位置"。例如:

(8)小王正为电影票排队呢。→小王正排电影票呢。(袁毓林,1998:135)

此外,陈昌来(2003:282-283)、叶川(2005:22-24)、杨永忠(2009)等也都认为动宾目的式是由"为 NP(而)V"结构构造而来的。

但是,有些动宾目的式却不能直接变换为"为 NP(而)V"结构,必须在 NP 之前加上相应的 V 才行。例如:

(9)a. 小王考公务员。

　　b. *小王为公务员而考。

　　c. 小王为当公务员而考。

孟庆海(1987)已经注意到了这一点,因此他给动宾目的式增加了一种可能的原始结构,认为动宾目的式的形成是"连动式或其他较复杂句子意义上的紧缩"。① 例如:

(10)排队买票/为了买票而排队→排票

但实际上,无论"为"后面的成分是 NP 还是 VP,"为……(而)V"结构与动宾目的式之间的衍生关系都只是一种"假象"。因为所有表达完结(accomplishment)事件的动宾目的式都不能变换为相应的"为……(而)V"结构。例如:

---

① 这里的"其他较复杂句子"就是指"为 VP(而)V"结构。

（11）a. 小王排到了电影票。

　　　b. *小王为电影票而排到了。

　　　c. *小王为买电影票而排到了。

可见,这种变换关系是有一定条件限制的。那些无法变换为"为……(而)V"结构的动宾目的式,就不能说是由"为……(而)V"结构构造而来的了。

那么,根据孟庆海(1987)的观点,动宾目的式有没有可能是由连动式构造而来的呢?谭景春(2008)和王姝(2012)的研究给我们提供了一些有益的启示。

谭景春(2008:100)指出,汉语中有一些动宾结构"形式上只是一个动宾结构,而包含的却是两个动宾结构所表达的内容",他将这种现象称为"动宾式语义综合"。例如:

（12）甲:干吗去了?

　　　乙:蹬煤去了。(谭景春,2008:99)

(12)中的"蹬煤"是"蹬车运煤"的意思。也就是说,"蹬煤"把"蹬车"和"运煤"这两个动宾结构的意义综合成一个动宾结构来表达。"这种动宾式语义综合是通过紧缩而成的",即"在一个连动式中截取打头的动词和末尾的宾语重新组合而成"(谭景春,2008:100)。我们用(13)来表示:

（13） $V_1(O_1) + V_2O_2 \rightarrow V_1O_2$

尽管动宾式语义综合的现象并不与特定的宾语语义类型相关联,如(14a—c)所示,但动宾目的式都可以看作是动宾式语义综合的一种表现。

（14）a. 他们排队买豆腐呢→他们排豆腐呢(目的宾语)

　　　b. 跑步得了个第一名→跑了个第一名(结果宾语)

　　　c. 射箭击打靶心→射靶心(处所宾语)(以上引自谭景春,2008)

据此,我们不妨假设动宾目的式是由连动式通过紧缩的方式构造而来的。而且,这样假设还有两个好处:

　　第一是可以解释动宾目的式为什么具有"谓词隐含"(implying predicate)的语义特点。例如(14a)的"排豆腐"中隐含了与宾语"豆腐"直接构成述谓关系的谓词"买",而且这个隐含的谓词可以通过"排"与"豆腐"之间的语义连接明确地激活出来(参看袁毓林,1995)。这个隐含的谓词实际上就是连动式中的 V_2。在连动式紧缩的过程中,V_2 的词形、词义分别被 V_1 所合并与吸收,于是就形成了一个以 V_1 的词形来表达 V_1 和 V_2 两个动词词义的 V_1'。也就是说,原先的 V_1 实现了"动词词义增值"(王姝,2012)。动宾目的式中的 V 正是由这个 V_1' 来充当的。例如,(7a)中"排豆腐"的"排"就是"排队买"的意思,而不单是"排队"的意思。

　　第二是可以解释表达完结事件的动宾目的式是如何构造而成的。例如:

　　(15)小王排队买到了电影票。→小王排到了电影票。

　　由于连动式中 V_1 和 V_2 在紧缩过程中进行了词形合并与词义吸收的操作,所以原先 V_2 "买"后面的结果补语"到"以及完成体标记"了"也可以直接加在新的 V_1' "排"的后面。

　　但是,连动式作为动宾目的式构造的原始结构是否具有唯一性?目的复句是否也能通过整合构造出动宾目的式呢?例如:

　　(16)小王正在排队,以便买豆腐。→小王正在排豆腐。

　　另外,有些动宾目的式虽然也可以构拟出一个连动式的原始结构,但却并不存在词形合并与词义吸收的情况。例如:

　　(17)小王考试当公务员。→小王考公务员。

　　"考公务员"中的动词"考"并没有"当"的意思。那么,这样的动宾目的式是否也由连动式构造而来呢?

　　还有,并非所有的连动式都能构造为动宾目的式。例如:

　　(18)小王掏钱买豆腐。→ *小王掏豆腐。

　　那么,连动式需要具备怎样的条件才能构造为动宾目的式?诱发连动式向动宾目的式转变的动因又是什么?本章将运用认知语言学的理论对上述问题展开深入讨论,进一步论证"动宾目的式是由连动式构造而来的"这一假说的合理性,并在此基础上对两个相关的问题作出解释。

7.2　非现实性上的矛盾

Mithun(1995:368,1999:173)从人们对事件的体验性的角度出发,将现实(realis)定义为实现了的、一直在发生的或实际上正在发生的情景,能通过直接感知来了解,将非现实(irrealis)定义为存在于思维之中,只能通过想象来了解的情景。目的事件的基本语义属性之一就是非现实性,因为目的只存在于思维中,是无法在现实世界中直接进行感知的。这一属性在句法上表现为:在积极目的复句(也称"求得义"目的复句)中,无论主句中有没有完成体标记"了",目的从句中都不能有完成体标记"了"。例如:

(19) a. 小王打算多跑几趟,以期拿到那个项目。

　　　b. *小王打算多跑几趟,以期拿到了那个项目。

(20) a. 小王跑了好多趟,为的是拿到那个项目。

　　　b. *小王跑了好多趟,为的是拿到了那个项目。

也就是说,目的复句中主句所表达的行为事件可以是现实的,也可以是非现实的,但目的从句所表达的目的事件只能是非现实的。然而,在动宾目的式中,目的宾语及其隐含谓词所构成的目的微事件却并非只能是非现实的,①有时也可以是现实的。例如:

(21) a. 小王上周跑了那个项目。

　　　b. 小王上周跑到了那个项目。

(21a—b)中,行为"跑"的目的是"拿到那个项目",目的微事件中的动词"拿"被隐含了。可以看到,(21a)中行为微事件是现实的,但目的微事件是非现实的,而(21b)中行为微事件和目的微事件都是

---

①　无论是连动式还是动宾目的式,语义上都表达单一事件。不过,这样的单一事件中又包含了若干个本身不能充当独立事件,并且相互间有紧密联系的动作行为。因此,准确地说,连动式和动宾目的式所表达的都是一个包含了若干微事件的宏事件。

现实的。这就与目的事件的非现实属性相矛盾了。实际上,这种非现实性上的矛盾正好可以说明动宾目的式是由连动式构造而来的,而不是由目的复句构造而来的。

Paul(2008)和刘丹青(2015)等都注意到,连动式的前后 VP 间往往存在"行为(方式)—目的(行为)"这类语义关系。如果不依赖于特定的语境,同一个连动式可以作"方式—行为"或"行为—目的"两种不同意义的解读。例如:

(22)他们开会讨论这个问题。

(22)这个句子既可以分析为表方式的 VP_1 修饰主要动作 VP_2,如(23a)所示;也可以分析为目的性成分 VP_2 来补充动作 VP_1,如(23b)所示。

(23) a. 他们[方式 开会][行为 讨论这个问题]。

　　　 b. 他们[行为 开会][目的 讨论这个问题]。

Paul(2008:387)指出,上述两种句法结构的差别还表现在用正反问句提问时是连动式的哪个 VP 用了正反(肯定—否定)重叠形式。例如:

(24) a. ♯他们开不开会讨不讨论这个问题?

　　　 b. 他们开会讨不讨论这个问题?〔对(23a)的提问〕

　　　 c. 他们开不开会讨论这个问题?〔对(23b)的提问〕

无论做哪种语义关系解读,连动式都不能对两个 VP 同时进行正反问句形式的提问,(24a)只有在将"开不开会"和"讨不讨论"理解为并列结构时,才能成立。(24b)中是 VP_2 用了正反重叠形式,(24c)中是 VP_1 用了正反重叠形式,哪个 VP 采用正反重叠形式,哪个 VP 就是连动式的谓语核心。

表目的义的连动式中,VP_2 同样具有非现实的属性。然而,在表方式义的连动式中,VP_2 就没有现实性上的限制了。例如,当(22)作(23b)目的义理解时,"讨论"不是核心动词,不能在其后加上完成体标记"了"。但是,当(22)作(23a)方式义理解时,"讨论"是核心动词,就可以在其后加上完成体标记"了",即"他们开会讨论了这个问题"。可见,连动式中 VP₂所表达的微事件与动宾目的式中目的宾语和隐含谓词所表达的微事件在现实性上的表现是一致的：都是既可以现实,也可以非现实。

另外,如果对动宾目的式(21a—b)进行正反问句形式的提问,也可以看到与连动式(24b—c)相对应的两种表现。例如：

(25) a. 小王上周跑没跑那个项目？〔对(21a)的提问〕

　　　b. 小王上周跑(到)没跑到那个项目？〔对(22b)的提问〕

(25a)采用正反重叠形式的是动词"跑",是对行为微事件"跑"的提问。(25b)采用正反重叠形式的是动补结构"跑到",而且后一个补语"到"不能省略,这是对目的微事件"拿(到)没拿到项目"的提问。

以上分析表明,动宾目的式是由连动式构造而来的。具体来说,就是只有当 VP₁与 VP₂之间存在着"方式或目的"的语义联系时,连动式才有可能构造为动宾目的式,如(26a—b)所示。相反,由于目的复句中的目的小句只能是非现实的,因此动宾目的式不可能是由目的复句构造而来的。

(26) a. 警察正在追查 K 公司寻找赃款。→警察正在追赃款。

　　　（行为—目的）

　　　b. 警察追查 K 公司找到了赃款。→警察追到了赃款。

　　　（方式—行为）

7.3　连 动 整 合

7.3.1　概念整合

谭景春(2008)虽然提出了"连动式紧缩",但并没有说明紧缩的机制是什么。我们认为,Fauconnier 和 Turner(2002)等提出的"概念整合"(conceptual blending)可以看作是连动式之所以能构造为动宾目的式的根本性认知机制。概念整合,简单地说,就是有选择性地提取来自不同认知域的两个概念中的部分意义并构建为一个复合概念的过程。概念整合要经历输入空间(input space)的建立、事件框架(event frame)的选择、投射(projection)和压缩(compress)等过程,最后使所选择的概念在框架的作用下进行整合,并产生浮现意义(emergent meaning)。

根据上文的讨论,连动式所表达的是一个宏事件结构,其中包含两个微事件,即"方式—行为"或"行为—目的",而且两个微事件之间还存在着时间上(先后)或事理上(因果)的联系。这样就建立起了两个输入空间。

无论是行为微事件,还是方式或目的微事件,其事件框架都是"动作＋受事",而且这种事件框架也是汉语里最为普遍的无标记事件框架。因此,连动式中的两个输入空间也要按照这种事件框架投射到整合空间(blending space)中。

整合空间要表达两个输入空间所投射的概念,因此这种投射具有选择性。具体表现为以下三点:第一,所投射的概念必须分别来自两个输入空间,不能只选择一个输入空间中的概念。第二,来自不同空间的概念必须符合事件框架的要求。第三,所选的概念必须是显著(salience)的,可以激活其所在输入空间中的其他概念。

根据第一点,连动式的两个输入空间 VP_1 和 VP_2 投射到整合空间中的概念有四种可能的组合,即 V_1-O_2、V_1-V_2、O_1-V_2 和 O_1-O_2。根据第二点,可以排除 V_1-V_2 和 O_1-O_2 这两种可能,因为它们不符合"动作＋受事"事件框架的要求。同时,事件框架还蕴含了结构、语义等参数的模式,因此 V_1-O_2 和 O_1-V_2 只能以 V_1O_2 和 V_2O_1 的形式投射到整合空间,而不能是 O_2V_1 和 O_1V_2。

连动式中,V_1 和 O_2 分别代表了整个宏事件的起点和终点,可以构成认知上的一个完形(gestalt)框架,并在人们经验的作用下激活相关的概念。例如:

(27) a. 签快递——签字收快递

　　　 b. *收字——签字收快递

(27a)中,可以根据横线左边的"签快递"激活相关的概念,还原出横线右边的连动式"签字收快递"。相反,(27b)中,就无法根据横线左边的"收字"还原出相应的连动式。因此,在连动式中,V_1 和 O_2 相对于 O_1 和 V_2 来说是更为显著的。[①]　这样,根据第三点,就排除了 $V_2 O_1$ 的可能性。

　　整合过程的最后一步就是将投射到整合空间中的概念压缩为一个事件。根据沈家煊(2006)的研究,这种压缩表现为"糅合"与"截搭"两种类型。两者最主要的区别在于参与整合的概念之间是"相似"还是"相关"。连动式的两个输入空间中选择性投射出的概念 V_1 和 O_2 之间是相关的(即"行为—目的"或"方式—行为")而非相似的,因此属于截搭类型。截搭的结果就是形成动宾结构 $V_1 O_2$。

　　概念整合的结果不是意义的简单相加,而是意义的创新,即产生浮现意义。"汉语的述宾结构反映的是'预设—焦点'的关系"(张伯江,2011)。与连动式相比,动宾目的式更加突出了 O_2 作为焦点的语用地位。因此,动宾目的式的浮现意义可以概括为施事主体通过某种行为的实施来获得某种事物。例如:

　　(28) a. 排电影票(通过排队这一行为的实施来获得电影票)

　　　　 b. 考公务员(通过考试这一行为的实施来获得公务员的身份)

　　　　 c. 跑项目〔通过跑(奔走)这一行为的实施来获得项目〕

　　鉴于概念整合机制在连动式构造为动宾目的式的过程中所发挥的重要作用,我们将动宾目的式的构造模式命名为"连动整合"。

　　7.3.2　事件类型及其影响

　　上文提到,有些连动式中 V_1 和 V_2 之间存在着词形合并和词义吸收的情况,如(14a)中的"排豆腐",而另一些连动式中却不存在这种情况,如(17)中的"考公务员"。这种差别实际上与连动式所表达

----

　　① 人们在辨识一个语言单位时,首尾的成分要比中间的成分来得突显,这在语言形式的编码上就表现为"首尾重要原则",即尽可能避免删除最开端或最末尾的成分。除了本文所讨论的连动式整合之外,该原则还作用于正反问句和并列复句内部成分的缩减,详见刘丹青(2008)。

事件的不同类型有关。

尽管连动式所表达的内容在概念结构上构成了一个单一事件，但这个单一事件又是由若干联系紧密的微事件整合而成的宏事件（参看 Aikhenvald，2006：10－12；刘丹青，2015 等）。不过，以往对于连动式与其内部微事件间关系的讨论很少。值得注意的是，Enfield（2002：240）指出，老挝语的连动式可以根据其内部微事件的不同整合方式分为以下两种类型：一种是由多个可分离构件事件（multiple separately discernible component-events）进行整合；另一种是由同一个构件事件的不同方面（multiple event-facets）进行整合。

汉语连动式内部的事件类型也与老挝语中的情况相同。（17）中的"考试当公务员"属于第一种，"考试"和"当公务员"这两个微事件是可以分离的，当"考试"结束时，"当公务员"还没开始。（14a）中的"排队买豆腐"属于后一种，"排队"与"买豆腐"不能分离，尽管"排队"先于"买豆腐"发生，但两者却是同时结束的，即"买完豆腐才走出队列，排队的过程覆盖着买豆腐的过程"（王姝，2012）。

Zacks 和 Tversky（2001：3）从认知心理学的角度出发，将事件定义为"由观察者所构想的、处于特定位置的、有起点和终点的时间片段"。基于这个定义，我们认为，连动式中由相同主体发出的两个动作，如果在时间片段上是重合的，如（29a）所示，或者是一个包含另一个的，如（29b）所示，那么这两个动作就是同一个构件事件的不同方面。相应的连动式可称为"同一构件事件连动式"。

（29）a. 小王打羽毛球锻炼身体。

b. 小王打羽毛球扭伤了手。

如果两个动作在时间片段上是分离的，即一个结束之后再开始另一个，如（30）所示，那么这两个动作就是两个分离的构件事件。相应的连动式可称为"分离构件事件连动式"。

（30）小王去体育馆打羽毛球。

在同一构件事件连动式中，V_1 和 V_2 之间具有重合或包含的时间关系，人们是将它们作为一个整体来认知的。以上文提到的"排队

买豆腐"为例,图式如下:
（31）

　　大椭圆 V_1 表示"排(队)"所占据的时间段,小椭圆 V_2 表示"买(豆腐)"所占据的时间段,两者是包含关系。在概念整合的过程中,人们选择 V_1 进行投射的同时,实际上也将 V_2 一起从输入空间中带了出来。但在"动词＋受事"的事件框架中只有一个容纳 V 的句法槽(syntactic slot),无法将 V_1 和 V_2 都表达出来。为了解决这一矛盾,就对 V_1 和 V_2 进行词形合并与词义吸收的操作,于是就形成了一个以 V_1 的形式表达 V_1 和 V_2 两种语义概念的 V_1'。再将 V_1' 和 O_2 纳入事件框架中进行投射。

　　相反,在分离构件事件连动式中,如(17)中的"考试当公务员",就不存在上述这种矛盾。V_1 和 V_2 原本就分别在两个事件中,相互独立。当人们选 V_1 择进行投射时,不会连带着把 V_2 也选出来。因此,也就没必要对 V_1 和 V_2 进行词形合并与词义吸收的操作了。

　　因此,同一个构件事件是连动整合过程中对 V_1 和 V_2 进行词形合并与词义吸收的操作,进而实现 V_1 的词义增值的前提条件。

7.4　整合的动因与制约条件

7.4.1　经济性

　　客观世界中既有只包含一个动作的简单事件,也有包含多个动作的复杂事件。在言语层面,简单事件用一个小句来编码,而复杂事件就要用多个小句来编码。但是,"人类行为服从最省力的原则",语言活动也是如此,"人类的惰性""使实际语言单位减少"。语言经济原则就是在必须满足的"交际的需要"与"记忆和发声的惰性"这对矛盾之间不断寻求平衡(安德列·马丁内,1988：168－170)。在经济原则的作用下,人们会尽可能地将一些相互关联但又彼此独立的事件放在一起来表达。这就促发了整合机制的出现,即"原来是两个分离的事件也可以逐渐被作为一个整合起来的单一事件来处理"(Haboud,1997:213)。在语法形式上就表现为"两个本来独立的小句,由于其中一两个动词的语法化而合并为一个带有一套语法关系的单一小句"(Haboud,1997:203)。

　　汉语中的连动式正是在整合机制的作用下产生的。例如:

　　(32) a.师还,馆于虞,遂袭虞,灭之。(《左传·僖公五年》)

　　　　　b.还,袭灭虞。(《史记·晋世家》)

　　(32a)和(32b)是对同一个复杂事件(晋侯攻打虞国并将其消灭)的描述。《左传》中用的是两个独立的小句,而《史记》中用的是连动式。这表明连动句是人们在语言表达经济性需求增强的前提下,将几个内容上相关的小句整合为一个小句的结果。

　　但是相对于单动词句而言,连动式仍是一个复杂的结构。在经济性需求的进一步驱动下,人们会继续对连动式进行整合。已有研究表明,汉语中的动补结构、部分状中结构、"把"字句、"被"字句,以及动词后带体标记"了""着"等现象,都是连动式整合的结果(参看高增霞,2006:§3.2,§4.2)。可见,整合是贯穿连动式从形成到演变这整个过程的机制,图示如下:

　　(33) 两(多)个小句 $\xrightarrow{\text{整合}}$ 连动式 $\xrightarrow{\text{整合}}$ 单动词句

　　同样,动宾目的式的构造也是连动式在经济性需求的驱动下进行整合的结果。换言之,动宾目的式只是由连动式整合而来的单动词句中的一种。实际上,连动式整合为动宾目的式的现象早在上古汉语中就已经出现了。例如:

　　(34) 百金之鱼,公张之。【何休注:张,谓张风罟。】(《公羊传·隐公五年》)

　　何休的"注"表明,(34)中动词"张"的受事宾语应该是"风罟",而不是"之"(即"百金之鱼")。宾语"之"的前面隐含了一个与它直接构成述谓关系的动词"捕"。因此,这里的"张之"就是由连动式"张风罥捕之"整合而来的动宾目的式。

7.4.2　明晰性与用频

动宾目的式在现代汉语中是一个相对封闭的类。《汉语动词用法词典》(孟琮等,1999)一共收录了 63 个可以带目的宾语的动词,但所举的例子中也有不少并不是动宾目的式,比如"谈事情""想主意""设计房屋"等。我们可以看到,大多数连动式都不能整合为动宾目的式。例如:

(35) a. 拿刀切肉→ *拿肉

　　　b. 倒杯水吃药→ *倒药

这些连动式之所以不能整合为动宾目的式,是因为受到了语言表达明晰性原则的制约。安德列·马丁内(1988：171)指出:"为语言交际目的付出的力气和传达的信息量一般成正比。……为了让人听懂,付出的力气只要对方听到就行了。"也就是说,语言表达的明晰(即让人听懂)是经济原则起作用的前提。(35a)连动式中的 V_1 "拿"与 O_2 "肉",还有(35b)连动式中的 V_1 "倒"与 O_2 "药",都可以直接构成"动—受"关系。如果这些连动式也整合为动宾目的式的话,就会使"拿肉""倒药"等变成歧义结构。说话人在表达时要尽量避免歧义,如果歧义结构大量出现,将会妨碍言语交际的顺利进行。可见,经济原则必须服从于交际目的,当语言表达的经济性妨害了明晰性时,说话人是很愿意花费力气说出更复杂的结构的。

明晰原则在很大程度上制约了动宾目的式的形成。根据我们对《汉语动词用法词典》(孟琮等,1999)的统计,只有"考研究生／公务员""翻相片／笔记本／书"等少量动宾目的式是歧义结构。①

但即使是整合之后不会产生歧义结构的连动式,也有许多不能整合为动宾目的式。例如:

---

①　"考研究生／公务员"既有"对研究生／公务员进行考察"的意思,也有"通过考试成为研究生／公务员"的意思。"翻相片／笔记本／书"既有"翻动相片／笔记本／书"的意思,也有"翻动其他物品,从中寻找相片／笔记本／书"的意思。

(36) a. 织网捕鱼→ *织鱼

　　　b. 开会讨论问题→ *开问题

现代汉语中不存在"织鱼"和"开问题"这样的动受结构。因此，如果(36a—b)中的连动式进行整合的话，所得到的动宾目的式是没有歧义的。但这两个连动式都没有发生整合。

根据 Fauconnier 和 Turner(2002：312)的研究，概念整合与人类的活动密切相关，只有在人们的言语理解和交谈中经常出现的熟悉事件才有可能被整合。由此，我们可以推论出，能够整合为动宾目的式的连动式必须是在言语表达中高频出现的。这一点可以利用语料库来加以证明。根据我们对"人民网"(http：//www.people.com.cn/)中新闻全文的搜索(2015 年 12 月 2 日搜索)，可以看到"织网捕鱼"和"开会讨论问题"分别只有 23 例和 92 例，而能够整合为动宾目的式的"排队买票"却高达 6 584 例。如此悬殊的数量对比表明，用频的高低也是连动式能否整合为动宾目的式的一个重要制约条件。

7.5　两个相关的问题

7.5.1　转喻与连动整合

沈家煊(2006)指出，截搭型整合具有转喻(metonymy)的性质。连动整合作为截搭型整合的一种，转喻也在其整合过程中起到了很大的作用。王占华(2000：62)最早从转喻的角度来解释动宾目的式的构造。他认为，"挤公交车"中的"挤"是用"上"的方式指代"上"，"排电影票"中的"排"是用"买"的方式指代"买"。张云秋(2004：127 - 131)也指出，与目的宾语搭配的动词的含义都是"转喻义"，而不是"字面意义"。她认为"排电影票"中的"排"就是"买"的意思，即以"动作的方式来转喻动作的本体"。不过，也有一些动宾目的式中，发生转喻的并不是动词，而是宾语。吴琼(2006：26)就认为"考研究生"中，是"研究生"指代"研究生入学考试的科目"。那么，动宾目的式中不同成分发生转喻的背后有没有规律可循呢？这其实也跟连动式所表达的不同事件类型有关。

转喻产生的认知基础是概念之间的"邻近性"(contiguity),即用一个概念来指称另一个与之"邻近"的概念。Koch(1999:146)指出,"邻近性是一种存在于框架的要素之间或是框架作为整体与其要素之间的关系"。也就是说,邻近性关系必须在一定的概念框架中才能建立起来。在连动整合过程中,邻近性关系所赖以建立的概念框架通常是同一个构件事件。例如:

(37) 小王在房间里翻箱子找笔记本。

根据 7.3.2 节中的讨论,"翻箱子"在时间段上是包含"找笔记本"的,因此二者构成的是同一构件事件连动式。在这个构件事件中,"找"是谓语核心,而"翻"表达的是"找"的方式,两者之间建立起了"方式—动作"的邻近性关系。在概念整合的投射阶段,方式"翻"转指了动作"找",从而实现了两个动词间的词形合并与词义吸收。例如:

(38) 小王在房间里翻笔记本。

(38)中的"翻"在表"翻动"义的基础上还增加了"寻找"义,即"翻找"的意思。

然而,在分离构件事件连动式中,例如:

(39) 小王正准备考试拿驾照。

由于 V_1"考"和 V_2"拿"不在同一个构件事件之内,两者之间无法建立起邻接性关系,因此也就不能进行转喻。但如果没有发生概念转喻的话,连动式就不能截搭整合为动宾目的式。不过,有些分离构件事件连动式中的两个 O 之间还隐性地存在着一个概念框架,即"O_2标志了O_1的属性"。比如(39)中的"试"只能是"驾照考试",而不能是"研究生入学考试"等其他的考试。"驾照"标志了"试"的属性。这样,"试"和"驾照"之间也建立起了"本体—属性"的邻近性关系。因此,可以用"驾照"来转指"试",这样也实现了从连动式到动宾目的式的整合。例如:

(40) 小王正准备考驾照。

分离构件事件连动式中,两个宾语之间可以建立起"本体—属性"邻近性关系的情况很少。这也就是为什么汉语中的动宾目的式大多来自同一构件事件连动式,而只有少数几个来自分离构件事件连动式的原因。除了"考公务员/研究生/驾照"这类之外,还有如下这些例子:

（41）办手续拿护照→办护照

（42）灌洞抓老鼠→灌老鼠（孟庆海,1987：25）

(41)中的"护照"标志了"手续"的属性,(42)中的"老鼠"标志了"洞"的属性。

因此,由同一构件事件连动式整合而来的动宾目的式表现为动词的转喻,而由分离构件事件连动式整合而来的动宾目的式表现为宾语的转喻。另外,就分离构件事件连动式而言,O_1和O_2之间能否建立起"本体—属性"的邻近性关系,也是决定连动整合能否实现的一个重要条件。

7.5.2　目的宾语的受事化

就目的宾语与受事宾语间的关系而言,学界目前的看法颇不一致。比如,孟琮等(1999)、陈昌来(2003：20－21)、杨永忠(2009)等都认为目的宾语是非受事宾语,但邢福义(1991：76)却认为目的宾语属于"常规受事宾语"的一种,而张云秋(2011：124)则将目的宾语归入"非典型受事宾语"中。我们认为,造成这些分歧的原因在于目的宾语正处于受事化的过程之中,即在句法特征上越来越像受事宾语。

连动式中的V_1和O_2之间原本不存在"动—受"语义关系,但在整合为动宾目的式的过程中被纳入了"动词＋受事"的事件框架中,这就为目的宾语的受事化提供了可能。特别是由同一构件事件连动式整合而来的动宾目的式,由于其整合过程中有词形合并与词义吸收的操作,这就加速了动宾目的式向动受结构的转变。例如:

（43）黄世仁逼杨白劳要债。

"逼"原本是表"强迫"义的动词,因此"逼"只能支配具有[＋动物]语义特征的名词,而"债"不具有[＋动物]语义特征,所以不能充当"逼"的受事成分。但在连动整合之后,"逼"就吸收了"要"的词义。这样,"逼"也就具备了"要"可以支配[－动物]语义特征名词的功能。例如:

(44) 黄世仁逼债。

(44)中的"逼"不单是"强迫"的意思,而是"强迫索要"的意思。有了这个新吸收的词义"要","逼"与"债"之间也就能建立起"动—受"关系了。

受事化不仅表现在语义的变化上,还表现在句法功能的差异上。下面我们就以动受结构"洗衣服"、非动受结构"吃食堂"以及分别由同一构件事件连动式和分离构件事件连动式整合而来的动宾目的式"排火车票"与"考公务员"为例,来测试宾语在句法功能上的不同表现。

第一,对宾语进行话题化处理。例如:

(45) a. 洗衣服——衣服我洗了

b. 吃食堂——*食堂我吃了

c. 排火车票——火车票我排了

d. 考公务员——公务员我考了

第二,用"V 的"结构来转指宾语。例如:

(46) a. 洗衣服——洗的是衣服

b. 吃食堂——*吃的是食堂

c. 排火车票——排的是火车票

d. 考公务员——考的是公务员

第三,对宾语进行特指问形式的提问。例如:

(47) a. 洗衣服——洗什么?

b. 吃食堂——*吃什么?

c. 排火车票——排什么?

d. 考公务员——考什么?

第四,宾语前加数量短语来修饰。例如:

（48）a. 洗衣服——洗两件衣服

　　　b. 吃食堂——*吃两个食堂

　　　c. 排火车票——排两张火车票

　　　d. 考公务员——*考两个公务员

第五,用"把/被"将宾语提到动词之前。例如:

（49）a. 洗衣服——把衣服洗了/衣服被洗了

　　　b. 吃食堂——*把食堂吃了/*食堂被吃了

　　　c. 排火车票——*把火车票排了/*火车票被排了

　　　d. 考公务员——*把公务员考了/*公务员被考了

　　在上述五项句法表现中,受事宾语与非受事宾语是完全对立的。目的宾语在前三项句法表现上与受事宾语相同,在最后一项句法表现上与非受事宾语相同。另外,在第四项句法表现上,源于同一构件事件连动式中 O_2 的目的宾语与受事宾语相同,而源于分离构件事件连动式中 O_2 的目的宾语与非受事宾语相同。

　　尽管以往的研究中大多将目的宾语归入非受事宾语,但很明显,目的宾语在受事化的程度上要远远高于其他的非受事宾语。

7.6　小　　结

　　本章首先指出了"动宾目的式由'为 NP(而)V'结构构造而来"的观点所存在的问题,并在孟庆海(1987)、谭景春(2008)和王姝(2012)等研究的基础上提出了"动宾目的式是由连动式构造而来"的假说;接着从"现实—非现实"的角度论证了连动式作为动宾目的式来源结构的唯一性;进而深入讨论了动宾目的式构造的机制、动因和制约条件等问题。

　　连动式是在概念整合机制的作用下构造为动宾目的式的。同时,连动式所表达事件的不同类型也会对整合的过程产生影响。具体来说,同一构件事件连动式在整合过程中会出现词形合并与词义吸收的操作,但分离构件事件连动式整合的过程中则没有这样的操作。

　　连动整合的动因是语言表达的经济性需求,而连动式能否整合为动宾目的式又受到了明晰性和用频等条件的制约。就分离构件事件连动式而言,O_1 和 O_2 之间能否建立起"本体—属性"的邻近性关系,也是决定连动式能否整合的一个重要条件。

　　作为截搭型整合的一种,连动整合也具有转喻的性质。但不同事件类型的连动式在转喻模式上的表现也是不同的:同一构件事件连动式的整合表现为动词的转喻,而分离构件事件连动式的整合表现为宾语的转喻。

　　此外,现代汉语中的目的宾语正处于受事化的过程中,无论是在句法上还是语义上,都表现出比其他非受事宾语更高的受事化程度。

　　最后要说明的是,动宾目的式在世界语言中并不是一种普遍性的构式。就我们目前所知,除汉语外,越南语中也有一些动宾目的式的使用,例如:Thi nghiên cứu sinh(考研究生)、Chạy vật tư(跑材料)、Xếp hàng bao cấp(排资助)等。① 越南语和汉语一样也属于连动式发达的语言(参看 Sophana, 1997),那么越南语中的动宾目的式是否也由连动式构造而来? 这一问题还有待今后进一步的研究。

---

① 感谢上海外国语大学 2018 届越南籍博士阮玉碧提供了越南语的例子。

第八章　结　　语

与其他语法范畴相比,目的范畴在汉语中的研究是相对薄弱的。就拿目的范畴最典型的语法形式——目的复句来说,它在汉语语法学中的"存在感"要远远低于其他类型的复句,丁声树等(1961)、Chao(1968)、胡裕树(1995)、钱乃荣主编(2008)的著作和教材在有关复句的章节中都没有提到目的复句。可以说,目的范畴还存在着很大的研究空间,重新审视以往研究中存在的问题,探讨以往研究中未涉及的问题,解决以往研究中未解决的问题,不仅是重要的,也是必要的,这些将有助于深化学界对汉语目的范畴的认识。

本书的主要目标是研究目的范畴在现代汉语中的语法形式。这些语法形式在以往的许多研究中都是分散的,缺乏系统性,我们将其纳入目的范畴之中,可以看到一些以往没有注意到的问题,进而做出更为合理的解释。一方面,可以发现不同表达形式之间的联系;另一方面,可以发现相同表达形式中不同成员之间的差异。前者比如,同样是表达目的关系的语法形式,连动句和动宾结构看似无关,实则具有构造关系。后者比如,都是用复句来表达目的关系,但目的从句前置或后置在交际中会起到不同的作用。

本书首先建构了目的范畴,在此基础上对目的范畴的一些语法形式进行了考察,分析了它们在现代汉语中的使用情况以及造就其当下格局的动因。我们得出的主要结论可以总结为以下几个方面:

第一,关于目的范畴。目的范畴在现代汉语中是一种语法范畴,有专门的已经规约化了的形式来表达目的的概念意义。目的范畴反映了人们对两个事件之间意图驱使行为实施或行为实施导致预期结果的事件关系的认识,其认知经验基础是意图、行为和预期结果三个要素之间构成的力动态意象图式。由于意图与预期结果所指的事件内容相同,因此在语法形式上只需对其中任何一项进行编码即可,这也符合语言的经济原则。因此,我们通常所说的目的,实际上是包含意图和预期结果二者的一个混合概念。目的范畴的语义特征是意图性、"行为—目的"关系、状态变化和非现实,它们既是将目的范畴与相近语法范畴——特别是因果范畴——区分开来的依据,也是判断各种形式是否表达了目的关系的标准。只有同时具备这四种语义特征的结构,才是表达目的范畴的语法形式。现代汉语中,目的范畴的语法形式包括目的复句、带目的标记的单句、无标记目的句和动宾目的式等四类。这些形式的共同特点是都包含两个成分来分别编码行为事件和目的事件,但在结构的整合度以及对目的关系的凸显度上有所不同。

　　第二,关于目的标记。现代汉语目的复句中,目的从句和表行为事件的主句之间本身没有形式上的区分,目的标记是唯一能够使二者区分开来的形式标志。像"买汽车,周末去兼职赚钱"这样的句子,因为没有目的标记,所以两个小句都有可能解读为目的从句:"为了买汽车,周末去兼职赚钱","买汽车,是为了周末去兼职赚钱"。但是,目的标记对目的关系的表达来说,不是必需的,像连动句也可以表达目的关系,就不使用任何目的标记。因此,目的标记所起的是凸显和明确目的关系的作用。从句法上看,现代汉语的目的标记可以根据其使用的环境分为两类:一类是在复句中使用的,都标记在目的从句句首,它们在语法性质上属于连词或是语法化还不彻底但功能上已经相当于连词的成分;另一类是在单句中使用的,它们在语法性质上都属于介词。从语义上看,现代汉语的目的标记主要有七条来源路径,分别是:"受益>目的""位移>目的""意图>目的""容易>目的""避免>消极目的""凭借>目的"和"思考>目的"。其中,前五条路径符合跨语言中的类型,后两条路径目前还没有在其他语言中见到,它们的出现是由相关词项所处的特定句法环境所决定的。此外,"为"类目的标记和"以"类目的标记的分野,本质上是分别对意图和预期结果进行区分和标记。

第三,关于目的从句的语序。现代汉语目的复句中,目的标记只能标记在目的小句上,不能标记在行为小句上,这与其他语义类型的主从复句不同,像因果复句中"因为……所以……",假设复句"如果……就……"等都是成对使用关联标记的。从这一点来看,目的复句是主从关系最为明确的,因为加了目的标记的从句就丧失了自立性,无法单独进入语篇,这是确立其从句身份的唯一句法依据。而像因果复句那样,原因小句和结果小句可以都加标记,就无法确定哪个是主句哪个是从句。目的从句有两种语序——前置或后置于主句,它们象似地反映了意图和预期结果在心理表征上的差别:目的从句前置于主句的语序象似于从意图到行为的概念顺序,主句前置于目的从句的语序象似于从行为到预期结果的概念顺序,因此无论是前置的还是后者的目的从句都遵循了时间顺序原则。这一区分还体现在交际功能上:前置目的从句为后续的行为小句提供了关于行为意图的背景信息,后置目的从句对前面行为小句的预期结果做出了解释或说明。此外,由于意图的非现实性,说话人有时候会从听话人理解的角度考虑,先说行为小句,后说表意图的目的小句,这就造成了带"为"类标记的目的从句也可以后置的现象。

第四,关于目的从句的主语。现代汉语中,目的从句的主语可以出现,也可以隐去,这是受到了句法和语用两方面因素的综合影响与制约。"好""来""用来""用以""借以""旨在"等目的标记的语法化程度不够高,还保留着原结构中动词只能带述宾式宾语的句法特点,所以它们所引导的目的从句也只能是述宾式的而不能是主谓式的。因此,目的从句的主语是强制不出现的。一般来说,这类目的标记引导的从句所在的上下文语境都提供了足够的信息来明确被隐去的主语所指的内容,不会造成听话人的歧解。其他目的标记所引导的目的从句中主语既可以出现也可以隐去,取决于目的从句所在的上下文语境是否提供了足够的信息来使听话人明确被隐去的主语的所指内容。当语境提供了足够的信息时,说话人就会在语言经济性原则的作用下将目的从句的主语隐去;相反,当语境提供的信息不足时,说话人就会在语言明晰性原则的作用下使目的从句的主语出现。这也符合格莱斯提出的会话合作原则中的"数量准则"和"方式准则"。

第五,关于动宾目的式。现代汉语的各类目的范畴语法形式中,动宾目的式是结构上最简洁的一类,它将两个事件放到一个动宾结构中来表达,动词编码的是行为义,而宾语编码的是目的义。动宾目的式的产生,是连动句发生概念整合的结果,在形式上是取前项动词短语的动词和后项动词短语的宾语组合成动宾结构。不同事件类型的连动句在整合过程中的表现也不同。一方面,只有由同一个构建事件的不同方面构成的连动句,才会在整合过程中出现动词词形合并与词义吸收的操作;如果是由多个可分离构件事件构成的连动句,就没有这样的操作。另一方面,连动整合的认知机制是转喻,同一构件事件连动式的整合表现为动词的转喻,而分离构件事件连动式的整合表现为宾语的转喻。此外,只有整合之后不会产生歧义且高频使用的目的连动句才能整合为动宾目的式。

在研究范式上,本书采取的是从意义到形式的路径。不同语言的语法体系具有比较的可能,一定存在某些共通之处,而共同之处就在于意义的普遍性。有一种观点认为,"要是光看意义,那么,世界上所有的语言都大致是相同的,……意义在不同的语言中是通过不同的形式来表现的,英语之为英语,俄语之为俄语,汉语之为汉语,不是因为它们的逻辑基础和意义有什么大的不同,而是因为它们表示意义的形式系统各异"(施关淦,1991:413-414)。这种观点其实只看到了表面,不同语言的差异不仅在于语法形式,更本质的是在于语法形式背后的语法意义。概念意义是普遍的,但是否实现为语法意义却因语言而异,比如"复数"的概念意义在英语中是语法意义,在汉语中就不是语法意义。可以说,语法意义既根植于概念意义,又在很大程度上独立于概念意义。因此,从意义到形式的研究,最重要的是看"到底哪一些意义在我们所研究的语言之中有其语法形式的表现",以及"这些意义到底由多少语法形式去表达"(高名凯,1986[1957]：46)。

　　所有的语言都有表达目的概念的方式,但并非所有语言都有实现为语法意义的目的概念,并用规约化的语法形式来表达,而且目的范畴也会因具体语言的不同而呈现出语法形式的特殊性。所以,只有从意义到形式的研究路径才能使在跨语言背景下讨论目的范畴成为可能。目的关系是由行为事件和目的的事件来构成的。人类语言在表达目的关系时普遍使用两个"动词性情景"(verbal situation)来分别表达行为和目的这两个事件(Schmidtke-Bode,2009：20)。西方学者所说的简单句(simple clause)是只包含一个主谓结构(即一个动词性情景)的,所以"行为—目的"这种双事件的语义关系就要以复杂句(complex sentence)的形式来表达。① 但是,汉语中的单句不同于简单句,它和复杂句一样都可以包含两个动词性情景,因此也能用来表达目的关系。如果认为只有复杂句能表达目的关系的话,就会在语法研究框架中人为地设置屏障,造成一些目的范畴语法形式的缺失。而且,有些语言中,复杂句也不是目的范畴最基本的语法形式。例如,特瓦语(Teiwa)②中,"一般来说,目的结构都是连动结构"(Klamer,2010：375),像这样的现象是从复杂句形式出发去考察目的范畴的研究路径所难以发现的。

---

　　① 复合句(compound sentence)也是超过一个主谓结构的句子,但内部小句之间是并列关系(coordination),而行为小句和目的的小句之间是主从关系(main-subordination),因此不能用复合句来表达。

　　② 特瓦语,印度尼西亚的潘塔尔(Pantar)岛上使用的一种巴布亚语言(Papuan languages)。巴布亚语言不是一种语系,而是对大洋洲(除澳大利亚大陆以外)以及马来群岛东侧所有非南岛语系语言的统称。

参 考 文 献

爱德华·伯克利,梅利莎·伯克利.动机心理学[M].郭书彩,译.北京:人民邮电出版社,2020.

安德列·马丁内.普通语言学纲要[M].罗慎仪,张祖建,罗竞,译.北京:国际文化出版公司,1988.

毕鸣.论目的复句的建立及其界限[J].曲靖师专学报(社会科学版),1989(2):75-79.

蔡淑美.框式结构语法化过程中形成和意义的互动关系——以"为……起见"的语法化过程为例[J].北京广播电视大学学报,2011(2):37-43.

常竑恩.拉祜语简志[M].北京:民族出版社,1986.

晁天义.试论"共变法"及其在当代史学研究中的价值[J].南京社会科学,2009(2):50-58.

陈昌来.现代汉语句子[M].上海:华东师范大学出版社,2000.

陈昌来.现代汉语语义平面问题研究[M].上海:学林出版社,2003.

陈伟英.现代汉语主语省略的认知语用研究[M].杭州:浙江大学出版社,2009.

陈振宇.汉语的小句与句子[M].上海:复旦大学出版社,2016.

陈忠敏.语义演变的类型、模式、机制及方向[J].辞书研究,2021(5):1-14.

储泽祥,曹跃香.固化的"用来"及其相关的句法格式[J].世界汉语教学,2005(2):22-30.

崔少娟.现代汉语谓宾动词研究[D].广州:暨南大学,2011.

丁声树,吕叔湘,李荣,孙德宣,管燮初,傅婧,黄盛璋,陈治文.现代汉语语法讲话[M].北京:商务印书馆,1961.

杜轶.敦煌变文中"感得 VP"结构的句法性质[M]//语言学论丛(第三十三辑).北京:商务印书馆,2006:103-118.

段轶娜."为了"的用法分析[J].常熟理工学院学报,2006(1):76-78.

范丽君.汉藏语因果类复句研究[M].北京:民族出版社,2016.

方梅.关于复句中分句主语省略的问题[J].延边大学学报(社会科学版),1985(1):44-54.

房德里耶斯.语言[M].岑麒祥,叶蜚声,译.北京:商务印书馆,2011.

冯胜利.论汉语的韵律词[J].中国社会科学,1996(1):161-176.

冯胜利.论汉语的"自然音步"[J].中国语文,1998(1):40-47.

高名凯.语法理论[M].北京:商务印书馆,1960.

高名凯.汉语语法论[M].北京:商务印书馆,1986[1957].

高增霞.现代汉语连动式的语法化视角[M].北京:中国档案出版社,2006.

高增霞,朱斌.因果连动式初探[J].中国语文,2021(4):431-440.

顾红蕾.汉语目的关联标记的历时研究[D].济南:山东师范大学,2018.

郭锐.现代汉语和古代汉语中的介词悬空和介词删除[M]∥中国语言学(第二
　　辑).济南:山东教育出版社,2009:23-36.

郭锡良.介词"以"的起源和发展[J].古汉语研究,1998(1):1-5.

郭志良.现代汉语转折词语研究[M].北京:北京语言文化大学出版社,1999.

海涅,库特夫.语法化的世界词库[M].龙海平,谷峰,肖小平,译;洪波,谷峰,注
　　释.北京:世界图书出版公司北京公司,2012.

韩明珠.现代汉语目的范畴的认知研究[D].上海:上海师范大学,2016.

何文彬."为的是"构式的功能、成因与焦点表达[J].现代语文(语言研究版),
　　2011(5):28-32.

胡明扬.再论语法形式和语法意义[J].中国语文,1992(5):364-371.

胡裕树.现代汉语(重订本)[M].上海:上海教育出版社,1995.

黄伯荣,李炜.现代汉语(第二版)(下册)[M].北京:北京大学出版社,2016.

吉益民."V+目的宾语"论略[J].汉语学报,2016(3):53-63.

贾崇柏.论目的连词和目的复句的今昔[M].汉语学习,1984(3):8-19.

金雅.面向对外汉语教学的表目的虚词研究[D].南京:南京师范大学,2013.

姜雯."免得"的词汇化和语法化[J].汉字文化,2019(9):77-79.

景士俊.漫谈"目的复句"[J].西安建筑科技大学学报(社会科学版),1999(1):
　　37-41.

黎锦熙.新著国语文法[M].北京:商务印书馆,1992[1924].

黎锦熙,刘世儒.汉语语法教材　第三编　复式句和篇章结构[M].北京:商务
　　印书馆,1962.

李晋霞."好"的语法化与主观性[J].世界汉语教学,2005(1):44-49,96.

李临定.宾语使用情况考察[J].语文研究,1983(2):31-38.

李临定.现代汉语句型[M].北京:商务印书馆,1986.

李小军.汉语语法化词库[M].北京：中国社会科学出版社,2021.

李小荣.说"省得"[J].汉语学习,1992(4)：5-11.

李行健.现代汉语规范词典(第3版)[M].北京：外语教学与研究出版社,2014.

李延波."为了X而X"构式的生成机制与能产性[J].语言教学与研究,2021(4)：68-78.

李振雨.英美留学生汉语目的复句偏误分析及教学对策研究[D].伊宁：伊犁师范大学,2019.

林裕文.偏正复句[M].上海：上海教育出版社,1984.

刘丹青.汉语中的框式介词[J].当代语言学,2002(4)：241-253.

刘丹青.语序类型学与介词理论[M].北京：商务印书馆,2003.

刘丹青.谓词重叠疑问句的语言共性及其解释[M]//语言学论丛(第三十八辑).北京：商务印书馆,2008：144-164.

刘丹青.汉语及亲邻语言连动式的句法地位和显赫度[J].民族语文,2015(3)：3-22.

刘丹青.语法调查研究手册(第二版)[M].上海：上海教育出版社,2019.

刘海莉.句序视角下现代汉语形合目的复句研究[D].合肥：安徽大学,2011.

刘红妮."以免"的词汇化[J].楚雄师范学院学报,2008(5)：18-23.

刘红妮."以期"的词汇化及相关问题——兼论"以V"的词汇化、共性与个性[J].语言科学,2009(1)：57-67.

刘辉.汉语"同宾结构"的句法地位[J].中国语文,2009(3)：225-233.

刘永耕.先秦目的复句初探[J].新疆大学学报(哲学社会科学版),1995(3)：78-83.

刘月华,潘文娱,故韡.实用现代汉语语法(第三版)[M].北京：商务印书馆,2019.

陆丙甫.语序优势的认知解释(上)：论可别度对语序的普遍影响[J].当代语言学,2005(1)：1-15.

陆俭明.词语之间语义结构关系的多重性[M]//陆俭明.汉语语法语义研究新探索(2000—2010演讲集).北京：商务印书馆,2010：109-127.

陆俭明,沈阳.汉语和汉语研究十五讲(第二版)[M].北京：北京大学出版社,2016.

吕明臣,丁新峰.现代汉语因果句式与致使句式逻辑及语义关系对比研究[J].东北师范大学学报(哲学社会科学版),2019(6)：48-54.

吕叔湘.汉语语法分析问题[M].北京：商务印书馆,1979.

吕叔湘.中国文法要略[M].北京：商务印书馆,1982[1942、1944].

吕叔湘.现代汉语八百词(增订本)[M].北京：商务印书馆,1999.

吕叔湘.现代汉语语法(提纲)[M]//吕叔湘全集(第十三卷).沈阳：辽宁教育出版社,2002[1976]：405-540.

马清华.关联成分的语法化方式[J].中央民族大学学报(哲学社会科学版),2003(3)：120-124.

马庆株.自主动词和非自主动词[M]//中国语言学报(第三期).北京：商务印书馆,1988：157-180.

孟琮,郑怀德,孟庆海,蔡文兰.汉语动词用法词典[M].北京：商务印书馆,1999.

孟庆海.原因宾语和目的宾语[J].语文研究,1987(1)：20-26.

彭国珍.宾语共享类连动式的句法研究[M]//语言学论丛(第四十二辑).北京：商务印书馆,2010：275-289.

裴蓓.谈"省得、免得、以免"的对外汉语教学[J].邵阳学院学报(社会科学版),2015(2)：78-84.

朴爱华.汉韩目的复句对比[D].延边：延边大学,2009.

钱乃荣.现代汉语(重订本)[M].南京：江苏教育出版社,2008.

任龙波.汉语目的连动式的体相事件类型[J].浙江外国语学院学报,2021(5)：1-10.

邵敬敏.汉语语法的立体研究[M].北京：商务印书馆,2000.

邵敬敏.建立以语义特征为标志的汉语复句教学新系统刍议[J].世界汉语教学,2007(4)：94-104.

沈家煊."语法化"研究综观[J].外语教学与研究,1994(4)：17-24.

沈家煊.语用法的语法化[J].福建外语,1998(2)：1-8,14.

沈家煊.复句三域"行、知、言"[J].中国语文,2003(3)：195-204.

沈家煊.语用原则、语用推理和语义演变[J].外语教学与研究,2004(4)：243-251.

沈家煊."糅合"和"截搭"[J].世界汉语教学,2006(4)：5-12.

沈家煊.名词和动词[M].北京：商务印书馆,2016.

施关淦.关于语法研究的三个平面[J].中国语文,1991(6)：411-416.

施关淦.关于"省略"和"隐含"[J].中国语文,1994(2)：125-128,154.

史金生.目的标记"起见"的语法化——兼谈汉语后置词的来源[M]∥中国语文杂志社.语法研究和探索(十三).北京:商务印书馆,2006:15-31.

宋青.北京话连词史(1750—1950)[D].苏州:苏州大学,2012.

宋作艳,陶红印.汉语因果复句顺序的话语分析与比较[J].汉语学报,2008(4):61-71.

孙天琦.现代汉语非核心论元实现模式及允准机制研究[M].上海:中西书局,2019.

谭景春.语义综合与词义演变及动词的宾语[J].中国语文,2008(2):99-108.

唐莹.留学生主语隐现问题考察——基于复句层面的分析[D].上海:华东师范大学,2011.

田启林,单伟龙.也谈汉语同宾结构的句法地位及相关问题[J].解放军外国语学院学报,2015:20-28.

万莹,黄理兵.论介词"为了"与"为着"的差异[J].孝感学院学报,2012(3):22-27.

王春辉.复句研究的国内范式与国际范式[J].汉语学习,2014(3):72-79.

王道英,辜向东.论言后行为[J].重庆大学学报(社会科学版),2001(4):90-93.

王凤兰."为X起见"格式的语义句法分析[J].暨南大学华文学院学报,2007(5)60-65,78.

王凤兰.谈语言中目的范畴与因果范畴的联系与区别[J].佛山科学技术学院学报(社会科学版),2008a(2):28-31.

王凤兰.现代汉语目的范畴研究[D].广州:暨南大学,2008b.

王凤兰.论现代汉语表示目的的"来"[J].学术交流,2008c(5):144-147.

王凤兰.谈连词"以便"的语义及其语法化过程[J].云南师范大学学报(对外汉语教学与研究版),2009a(3):15-18.

王凤兰.谈"省得"、"免得"与"以免"[J].语文学刊,2009b(5):45-47.

王凤兰.主观性与"为X而X"格式义的感情色彩[J].西南民族大学学报(人文社科版),2009c(10):237-239.

王凤兰.现代汉语目的范畴的建立及相关问题研究[J].汉语学习,2011(6):39-46.

王力.中国现代语法[M].北京:商务印书馆,1985[1943、1944].

王姝.连动结构紧缩与动词词义增值[J].世界汉语教学,2012(1):47-53.

王维贤,张学成,卢曼云,程怀友.现代汉语复句新解[M].上海：华东师范大学
　　出版社,1994.

王文豪.从致使动词到目的连词——海外华语中"俾"字句的来源及演变[J].语
　　言科学,2020(3)：279-288.

王永娜."为了"与"以便"的语义、语用比较[J].汉语学习,2007(1)：83-87.

王占华."吃食堂"的认知考察[J].语言教学与研究,2000(2)：58-64.

吴福祥.汉语语法化研究的当前课题[J].语言科学,2005a(2)：20-32.

吴福祥.语法化理论、历史句法学与汉语历史语法研究[M]∥刘丹青.语言学
　　前沿与汉语研究.上海：上海教育出版社,2005b：229-252.

吴江梅."好"和"以"作表目的义连词的比较研究[D].上海：上海师范大学,
　　2014.

吴杰.面向汉语国际教育的目的复句关联标记研究[D].济南：山东师范大
　　学,2018.

吴琼.汉语非典型VO构式的认知研究[D].南昌：江西师范大学,2006.

西槙光正.语境与语言研究[M]∥西槙光正.语境研究论文集.北京：北京语言
　　学院出版社,1992：26-45.

席嘉.近代汉语连词[M].北京：中国社会科学出版社,2010.

夏甄陶.关于目的的哲学[M].上海：上海人民出版社,1982.

香坂顺一.白话语汇研究[M].江蓝生,白维国,译.北京：中华书局,1997.

邢福义.复句与关系词语[M].哈尔滨：黑龙江人民出版社,1985.

邢福义.汉语里宾语代入现象之观察[J].世界汉语教学,1991(2)：76-84.

邢福义.汉语复句研究[M].北京：商务印书馆,2001.

熊仲儒.英汉致使句论元结构的对比研究[M].上海：上海外语教育出版社,
　　2015.

徐烈炯,刘丹青.话题的结构与功能(增订本)[M].上海：上海教育出版社,
　　2018.

徐敏."为了"的介连词性及分析[J].皖西学院学报,2008(4)：118-121.

徐式婧.汉语原因句与目的句的演变差异及其动因研究[J].青海师范大学学报
　　(哲学社会科学版),2019(3)：140-146.

许言.现代汉语目的句关联词及教学语法初探[D].台北：台湾师范大学,1999.

亚里士多德.论动物运动[M]∥崔延强,译.苗力田.亚里士多德全集(第五卷).
　　北京：中国人民大学出版社,2016：155-173.

杨永忠.非受事宾语句类型的参数分析[J].现代外语,2009(1):33-41.

叶川.现代汉语"动词+目的宾语"结构研究[D].桂林:广西师范大学,2005.

叶蜚声,徐通锵.语言学纲要(修订版)[M].北京:北京大学出版社,2010.

尹产良,季兵.简明阿尔巴尼亚语语法[M].北京:外语教学与研究出版社,1988.

尹洪波.汉语目的小句的标记、位置及其解释[J].语言科学,2011(4):409-419.

尹洪波.求免义目的小句的句法语义分析[J].语言教学与研究,2017(5):93-103.

尹悦.中韩目的复句的对比研究[D].上海:上海外国语大学,2010.

于英娜."省得"、"免得"和"以免"的语义语用分析[J].赤峰学院学报(汉文哲学社会科学版),2015(7):174-175.

袁毓林.谓词隐含及其句法后果——"的"字结构的称代规则和"的"的语法、语义功能[J].中国语文,1995(4):241-255.

袁毓林.汉语动词的配价研究[M].南昌:江西教育出版社,1998.

约翰·塞尔.心、脑与科学[M].杨音莱,译.上海:上海译文出版社,2006.

曾艳."为了"和"以便"[J].遵义师范高等专科学校学报,2000(4):22-24.

张斌.现代汉语描写语法[M].北京:商务印书馆,2010.

张敏.认知语言学与汉语名词短语[M].北京:中国社会科学出版社,1998.

张伯江.施事角色的语用属性[J].中国语文,2002(6):483-494.

张伯江.功能语法与汉语研究[M]//刘丹青.语言学前沿与汉语研究.上海:上海教育出版社,2005:23-45.

张伯江.汉语的句法结构和语用结构[J].汉语学习,2011(2):3-12.

张赪.汉语介词词组词序的历史演变[M].北京:北京语言文化大学出版社,2002.

张赪.明清时期"来"构成的目的结构研究[J].清华大学学报(哲学社会科学版),2019(6):128-139.

张成进,孔冬秀.多功能介词"为了"的词汇化、语法化及相关问题[J].安徽理工大学学报(社会科学版),2020(3):64-70.

张国宪.谈隐含[J].中国语文,1993(2):126-133.

张国宪,齐沪扬.试说连词"来"[J].淮北煤师范院学报(社会科学版),1986(3):109-115.

张家太.目的句初探[J].辽宁大学学报(哲学社会科学版),1981(1):51-54.

张姜知."来"的语法化过程的语义关联顺序研究[J].北京理工大学学报(社会科学版),2008(5):16-18.

张磊."为了"目的句句序研究[D].武汉:华中师范大学,2011.

张萍."借以"词汇化研究——兼及"藉以"的演变[J].常熟理工学院学报(哲学社会科学),2015(3):93-99.

张谊生.现代汉语虚词[M].上海:华东师范大学出版社,2000.

张谊生."用来"与"拿来"——兼论介词叠加及格式套用与介词悬空的关系[M]//中国语文杂志社.语法研究和探索(十五).北京:商务印书馆,2010:175-191.

张云秋.现代汉语受事宾语句研究[M].上海:学林出版社,2004.

赵春利.关于目的范畴在句法、延展及其筛选上的理论思考[J].中国海洋大学学报(社会科学版),2005(2):75-79.

赵春利,金恩柱."为了"、"为着"句法语义演变轨迹考察[M]//中国言语研究(第26辑)(韩国),2008:105-121.

赵大明.《左传》介词研究[M].北京:首都师范大学出版社,2007.

赵旭.表目的关系连动式的两种不同类型[J].语言研究,2020(1):28-36.

中国社会科学院语言研究所词典编辑室.《现代汉语词典》(第7版)[M].北京:商务印书馆,2016.

周刚.连词与相关问题[M].合肥:安徽教育出版社,2000.

周红.现代汉语致使范畴研究[M].上海:复旦大学出版社,2005.

周红."省得"、"免得"语义语用分析[J].贵州师范学院学报,2011(1):1-6.

朱德熙.单句、复句、复句的紧缩[M]//张志公.语法和语法教学——介绍"暂拟汉语教学语法系统".北京:人民教育出版社,1956:313-324.

朱德熙.语法讲义[M].北京:商务印书馆,1982.

朱德熙.语法答问[M].北京:商务印书馆,1999.

朱庆祥.功能驱动形式对应——以"为X而X""X是X"为例[J].语文研究,2019(2):38-44.

左双菊,杜美臻.目的宾语的鉴定模式及其典型性[J].语言研究,2015(2):33-36.

Aikhenvald, Alexandra. Y. Serial verb constructions in typological perspective [M]//Alexandra Y. Aikhenvald and R. M. W. Dixon (eds.). Serial Verb

Constructions: A Cross-Linguistic Typology. Oxford: Oxford University Press, 2006: 1 - 68.

Bach, Emmon.Purpose clauses and control[M]∥P. Jacobson and G. K. Pullum. The Nature of Syntactic Representation. Dordrecht: D. Reidel Publishing Company, 1982: 35 - 57.

Barbour, Julie. A Grammar of Neverver[M]. Berlin: De Gruyter Mouton, 2012.

Bickel, Balthasar. Typology in the 21st century: Major current developments[J]. Linguistic Typology, 2007, 11: 239 - 251.

Bybee, Joan., Revere Perkins & William Pagliuca. The Evolution of Grammar: Tense, aspect, and modality in the languages of the world[M]. Chicago: The University of Chicago Press, 1994.

Chafe, Wallace. The realis-irrealis distinction in Caddo, the northern Iroquoian languages, and English[M]∥Joan Bybee & Suzanne Fleischman.Modality in Grammar and Discourse.Amsterdam: John Benjamins Publishing Company, 1995: 349 - 365.

Chao, Yuen Ren. A Grammar of Spoken Chinese[M]. Berkeley and Los Angeles: University of California Press, 1968.

Chung, Sandra. & Alan Timberlake. Tense, aspect, and mood[M]∥Shopen Timothy. Language Typology and Syntactic Description, Volume Ⅲ: Grammatical categories and the lexicon. Cambridge: Cambridge University Press, 1985: 202 - 258.

Comrie, Bernard. Tense[M]. London: Cambridge University Press, 1985.

Comrie, Bernard. Language Universals and Linguistic Typology: Syntax and morphology (2nd ed.) [M]. Chicago: The University of Chicago Press, 1989.

Cristofaro, Sonia. Subordination[M]. Oxford: Oxford University Press, 2003.

Croft, William. Event structure in argument linking[M]∥Miriam Butt & Wilhelm Geuder. The Projection of Arguments: Lexical and compositional factors. Stanford: Center for the Study of Language and Information, 1998: 1 - 43.

Croft, William & D. Alan Cruse. Cognitive Linguistics[M]. Cambridge: Cambridge University Press, 2004.

Crystal, David. A Dictionary of Linguistics and Phonetics(6th ed.)[M]. Oxford:

Blackwell Publishing, 2008.

Diessel, Holger. The ordering distribution of main and adverbial clauses: A typological study[J]. Language, 2001, 77(3): 433 - 455.

Dik, Simon C. The Theory of Functional Grammar, Part 1: The Structure of Clause (second revised edition) [M]. edited by Kees Hengeveld. Berlin: Mouton de Gruyter, 1997.

Dixon, R. M. W. The semantics of clause Linking in typological perspective [M]//R. M. W. Dixon & Alexandra Y. Aikhenvald. The Semantics of Clause Linking. Oxford: Oxford University Press, 2009: 1 - 55.

Durie, Mark. A Grammar of Acehnese: On the basis of a dialect of north Aceh [M]. Dordrecht: Foris Publications, 1985.

Enfield, N. J. Cultural logic and syntactic productivity: Associated posture constructions in Lao [M] / / N. J. Enfield. Ethnosyntax: Explorations in grammar and culture. Oxford: Oxford University Press, 2002: 231 - 258.

Eifring, Halvor. Clause Combination in Chinese[M]. Leiden: E. J. Brill, 1995.

Fauconnier, Gilles. & Mark Turner. The Way We Think: Conceptual Blending and the Mind's Hidden Complexities[M]. New York: Basic Books, 2002.

Givón, Talmy. Syntax: A typological functional introduction, Volume 1 [M]. Amsterdam: John Benjamins Publishing Company, 1984.

Greenberg, Joseph Harold. Some universals of grammar with particular reference to the order of meaningful elements [M] / / Joseph Harold Greenberg. Universals of Language (2nd ed.). Cambridge, MA: MIT Press, 1966: 73 - 113.

Grice, H. Paul. Logic and conversation [M] / / Peter Cole & Jerry L. Morgan. Syntax and Semantics, Volume 3: Speech Arts. New York: Academic Press, 1975: 41 - 58.

Haboud, Marleen. Grammaticalization, clause union and grammatical relations in Ecuadorian Highland Spanish[M]// Talmy Givón. Grammatical Relations: A functional perspective. Amsterdam: John Benjamins Publishing Company, 1997: 199 - 232.

Halliday, M.A.K. & Ruqaiya Hasan. Cohesion in English[M]. London: Pearson Education Limited, 1976.

Haspelmath, Martin. From purposive to infinitive — A universal path of grammaticization[J]. Folia Linguistica Historica, 1989, 10 (1 - 2): 287 - 310.

Haviland, John. Guugu Yimidhirr [M] //R. M. W. Dixon & Barry J. Blake. Handbook of Australian Languages, Volume 1. Amsterdam: John Benjamins B. V., 1979: 27 - 180.

Heine, Bernd. & Tania Kuteva. World Lexicon of Grammaticalization [M]. Cambridge: Cambridge University Press, 2002.

Hetterle, Katja. Adverbial Clauses in Cross-Linguistic Perspective[M]. Berlin: De Gruyter Mouton, 2015.

Hopper, Paul. Emergent Grammar[C] //Proceedings of the Thirteenth Annual Meeting of the Berkeley Linguistics Society, 1987: 139 - 157.

Hopper, Paul J. On some principles of grammaticalization[M] //Elizabeth Closs Traugott & Bernd Heine. Approaches to Grammaticalization, Volume 1. Amsterdam: John Benjamins Publishing Company, 1991: 17 - 36.

Hopper, Paul J. & Elizabeth Closs Traugott. Grammaticalization (2nd ed.) [M]. Cambridge: Cambridge University Press, 2003.

Jackson, Howard. Grammar and Meaning: A semantic approach to English Grammar[M]. New York: Routledge, 2013[1990].

Johnson, Mark. The Body in the Mind: The bodily basis of meaning, imagination, and reason[M]. Chicago: The University of Chicago Press, 1987.

Klamer, Marian. A Grammar of Teiwa[M]. Berlin: De Gruyter Mouton, 2010.

Koch, Peter. Frame and Contiguity: On the cognitive bases of metonymy and certain types of word formation[M] //Klaus-Uwe Panther & Günter Radden. Metonymy in Language and Thoughts. Amsterdam: John Benjamins Publishing Company, 1999: 139 - 167.

Kroeger, Paul R. Analyzing Grammar: An Introduction [M]. Cambridge: Cambridge University Press, 2005.

Kuteva, Tania., Bernd Heine, Bo Hong, Haiping Long, Heiko Narrog, & Seongha Rhee. World Lexicon of Grammaticalization (Second, extensively revised and updated edition) [M]. Cambridge: Cambridge University Press, 2019.

LaPolla, Randy J. A Grammar of Qiang[M]. Berlin: Mouton de Gruyter, 2003.

Leech, Geoffrey N. Principles of Pragmatics[M]. London: Longman, 1983.

Levinson, Stephen C. Presumptive Meanings: The theory of generalized conversational implicature[M]. Cambridge, Massachusetts: The MIT Press, 2000.

Liao, Wei-wen Roger &. Tzong-hong Jonah Lin. Syntactic structures of Mandarin purposives[J]. Linguistics, 2019, 57(1): 87 - 126.

Mithun, Marianne. On the relativity of irreality[M] / / Joan Bybee &. Suzanne Fleischman. Modality in Grammar and Discourse. Amsterdam: John Benjamins Publishing Company, 1995: 367 - 388.

Mithun, Marianne. The Languages of Native North America[M]. Cambridge: Cambridge University Press, 1999.

Moravcsik, Edith A. Introducing Language Typology[M]. Cambridge: Cambridge University Press, 2013.

Nikolaeva, Irina. A Grammar of Tundra Nenets[M]. Berlin: De Gruyter Mouton, 2014.

Nikolaeva, Irina. &. Maria Tolskaya. A Grammar of Udihe[M]. Berlin: Mouton de Gruyter, 2001.

Osgood, Charles E. Lectures on Language Performance [M]. New York: Springer-Verlag New York Inc. , 1980.

Paul, Waltraud. The serial verb construction in Chinese: a tenacious myth and a Gordian knot[J]. The Linguistic Review, 2008, 25: 367 - 411.

Renck, G. L. A Grammar of Yagaria[M]. Canberra: The Australian National University, 1975.

Rosch, Eleanor &. Carolyn B. Mervis. Family resemblances: Studies in the internal structure of categories[J]. Cognitive Psychology, 1975, 7(4): 573 - 605.

Schmidtke-Bode, Karsten. A Typology of Purpose Clauses [M]. Amsterdam: John Benjamins Publishing Company, 2009.

Schmidtke-Bode, Karsten. The role of benefactives and related notions in the typology of purpose clauses [M] / /Fernando Zúñiga &. Seppo Kittila. Benefactives and Malefactives: Typological perspectives and case studies. Amsterdam: John Benjamins Publishing Company, 2010: 121 - 146.

Sophana, Srichampa. Serial verb constructions in Vietnamese [J]. The Mon-

Khmer Studies Journal, 1997, 27: 137 - 144.

Sperber, Dan &. Deirdre Wilson. Relevance: communication and cognition (2nd ed.) [M].Oxford: Blackwell Publishers Ltd., 1995.

Sweetser, Eve. From Etymology to Pragmatics: Metaphorical and cultural aspects of semantic structure[M]. Cambridge: Cambridge University Press, 1990.

Tai, James H-Y. Temporal sequence and Chinese word order[M]//John Haiman. Iconicity in Syntax. Amsterdam: John Benjamins Publishing Company, 1985: 49 - 72.

Tai, James H-Y. Toward a cognition-based functional grammar of Chinese[M]// James H-Y. Tai &. Frank F. S. Hsueh. Functionalism and Chinese Grammar. Columbus: Chinese Language Teachers Association, 1989: 187 - 226.

Tallerman, Maggie. Understanding Syntax (5th ed.) [M]. New York, NY: Routledge, 2020.

Talmy, Leonard. Semantic causative types[M]//Masayoshi Shibatani. Syntax and Semantics, Vol. 6: The grammar of causative constructions. New York: Academic Press, 1976: 43 - 116.

Talmy, Leonard. Force dynamics in language and cognition[J]. Cognitive Science, 1988, 12: 49 - 100.

Talmy, Leonard. Toward a Cognitive Semantics, Volume I : Concept structuring systems[M]. Cambridge: Cambridge University Press, 2000a.

Talmy, Leonard. Toward a Cognitive Semantics, Volume II : Typology and process in concept structuring[M]. Cambridge: Cambridge University Press, 2000b.

Taylor, John R. Linguistic Categorization (3rd ed.) [M]. Oxford: Oxford University Press, 2003.

Thompson, Sandra A. Grammar and written discourse: Initial vs. final purpose clauses in English[J]. Text, 1985, 5(1): 55 - 84.

Thompson, Sandra A., Robert E. Longacre &. Shin Ja J. Hwang. Adverbial clauses[M] //Shopen Timothy. Language Typology and Syntactic Description, Volume II : Complex Constructions (2nd ed.). Cambridge: Cambridge University Press, 2007: 207 - 239.

Tomasello, Michael. Constructing a Language: A usage-based theory of language acquisition [M]. Cambridge, Massachusetts: Harvard University Press, 2003.

Trask, R. L. Language and Linguistics: The key concepts (2nd ed.) [M]. Peter Stockwell(ed.). New York: Routledge, 2007.

Ungerer, Friedrich. & Hans-Jörg Schmid. An Introduction to Cognitive Linguistics (2nd ed.) [M]. Harlow: Pearson Education Limited, 2006.

van Dijk, Teun A. Studies in the Pragmatics of Discourse[M]. Hague: Mouton Publishers, 1981.

VandenBos, Gray R. APA Dictionary of Psychology [M]. Washington, DC: American Psychological Association, 2006.

Wang, Hsiaomei. Purposives in Taiwanese Southern Min [D]. Hsinchu: Tsing Hua University, 2008.

Zacks, Jeffrey M. & Barbara Tversky. Event structure in perception and cognition [J]. Psychological Bulletin, 2001, 1: 3 – 21.

附录　《目的小句的类型学 研究》述介

目的小句的类型学研究一直以来都不为语言学家所关注,直到 2009 年,情况有了改变,John Benjamins 公司出版了"语言中的类型 学研究"(Typological Studies in Language)系列丛书的第 88 卷—— 《目的小句的类型学研究》(A Typology of Purpose Clauses),作者是 德国耶拿大学(Friedrich Schiller University Jena)的青年学者 Karsten Schmidtke-Bode。该书是第一部系统地以类型学的理论和方法来研 究世界语言中目的小句的著作,基于大量的跨语言事实,细致、全面 地探讨了目的小句的语法特征、地位及来源等问题,并从功能主义 的角度做了统一的解释,不仅在当时代表了目的小句类型学研究的 最新进展,而且还对后来的相关研究(如 Hetterle, 2015 等)产生了 重要影响。

全书正文部分共有五章。

第一章"本书的目标与范围"首先给"目的小句"下了一个定义: 目的小句是复杂句(complex sentences)中的一部分,该复杂句被编码 为主句中动词情景(verbal situation)的出现是以引出目的小句中的 动词情景为其意图的。以英语为例:

(1) Maria went to the bakery [in order to get some croissants].

（玛丽亚去了面包店,是为了买一些牛角面包。）

例(1)这个复杂句中,方括号之内的部分 in order to get some croissants 就是目的小句,而方括号之外的部分 Maria went to the bakery 是主句。目的小句中的事件"买一些牛角面包"是主句中"去 面包店"这个事件发生的目的。

接着,作者指出,本书的核心目标在于揭示出人类语言中目的关系表达手段的共性和个性,而这正是基于对全球范围内 80 种语言样本所做的分析。对于目的小句的形态句法编码的共性倾向,将从目的情景的概念特征、目的小句的交际功能,以及语言运用中的认知—心理机制等方面来展开解释。

第二章"理论与方法基础"首先简述了类型学研究中的一些重要概念,重点介绍了"功能—类型学"(functional-typological)理论和"以使用为基础"(usage-based)的研究方法,并以此作为全书的理论框架。接着,作者强调第一章开头给出的目的小句的定义是基于功能的而不涉及任何结构上的概念,这样做将有利于保证目的小句跨语言研究的可比性。最后,作者列出了在研究中所依据的 80 种语言样本,并综述了前人对目的小句的类型学研究成果。对于类型学研究来说,多样化并且典型的语言样本是至关重要的,因此本书在世界语言范围内选取样本时兼顾了语言谱系上的差异性和地域分布上的层级性。

第三章"目的的语法:描写与解释"描写并分析了世界语言中不同的目的关系编码方式在形态句法上所表现出来的差异。基于目的小句的功能定义,作者进一步指出,目的小句是形式和意义的匹配体,是一种复杂的形态句法构式,用来表达世界中两个事件之间目的关系。作者指出,一种语言中有多种表达目的关系的构式是很普遍的现象,因此有必要将不同的目的小句构式及其特征全面地描写出来,但前提是如何来确定目的小句构式。作者接受了激进构式语法(radical construction grammar)的观点,认为构式的确定本质上是一个关于范畴化的认知问题。要确定一个特定的目的小句构式,使其区别于其他构式,取决于该构式中一系列独特的完形特征(比如形式上的特征),而这些特征最终都指向某个特定的交际功能。以英语为例,如果要表达目的语义,以英语为母语的人可以选择一个由连接词 so that 引导的限定性小句,该小句后置于一个相关的主句。例如:

(2) We went to the concert early so that we would get good seats.

　　（我们很早就去听音乐会了，以便能有好座位。）

　　但是，英语中的结果小句(result clauses)通常也用连接词 so that 来引导。将例(2)看作是目的小句构式而非结果小句构式的理由是后一个小句中使用了情态助动词 would。这是因为在话语表达时，目的事件是未实现的，而结果事件是已实现的。尽管例(2)中的事件发生在说话时间之前，但听话人在听到这句话时仍无法判断说话人的目的是否已实现。如果目的没有实现，例(2)后面还可以跟上这样的话："Unfortunately, all the tickets had been sold out when we arrived"(不幸的是，当我们到达时，所有的票都已售罄)。相反，如果是结果小句，就不能使用 would，如例(3)所示，当听话人听到这句话的时候，就可以明确得知结果事件实现与否，而且例(3)的后面不能跟上上面的"Unfortunately..."这句话。

　　(3) We went to the concert early so that we got good seats.

　　（我们很早就去听音乐会了，所以有了好座位。）

　　可见，非现实情态和目的语义的表达是紧密相关的。不过，目的小句构式的完形特征在不同的语言中可以有不同的表现，有些特征(比如使用非定式动词等)在跨语言中并不具有普遍性。

　　作者在对语言样本进行定量分析之后，首先从目的小句最基本的句法结构入手，分别探讨了动词形式和论元结构的编码方式。作者认为，动词形式是对目的小句情景的编码，而论元结构是对该情景中参与者的编码。接着，作者细致地分析了目的小句中用于凸显目的表达的各种标记(包括无标记目的小句)，以及目的小句相对于主句的位置模式。作者指出，目的标记是目的小句构式中最重要的完形特征。大多数目的小句中都至少有一个显性标记来起到小句连接手段的作用，而这些小句连接标记往往也包含了小句间语义关系的信息。最后，作者还专门讨论了目的小句的语义和语用特征，主要是对"否定性目的"(汉语学界称为"消极目的"或"求免义目的")结构的分析。在描写和分析目的小句语法特征的同时，作者还特别注重功能上的解释。比如，在讨论目的小句的位置模式时，首先指出了前人从象似性和重成分后置等角度来解释所存在的问题，接着从信息结构的角度给出了新的解释，认为目的小句为主句提供新信息的话语语用功能决定了其以后置作为优势位置。

第四章"在复杂句的句法与概念空间中的目的小句"主要研究的是目的小句在整个复杂句系统中的共时地位及其历史来源。目的从句通常被视为状语小句(adverbial clause)的一个子类，但与以往观点不同的是，作者注意到了目的小句的特殊性，将其视为状语小句中一个特殊的语义类型。通过比较80种语言样本中的目的小句和其他状语小句，作者发现了两种倾向性的现象：第一，在编码方式上，目的和其他状语功能一再出现交叠的现象，尤其是原因和结果；第二，在很多语言中，目的小句在一系列重要并且多样的结构特征方面(比如屈折形式、情态标记、论元同指等)表现出不同于其他状语小句的一些形态句法特征，因而与状语性语义关系的体系也有显著的差异。

在作者的80种语言样本中，目的标记或目的结构除了能表达目的之外，还可以表达原因、结果、时间、条件、方式等状语性语义关系。此外，目的小句还与关系小句或补足语小句存在着功能和形式上的交叠现象。当然，在不同的语言中，目的小句的多功能表达类型也是有所不同的。比如，英语中用于编码目的语义的不定式结构还可以表达结果语义，但不能理解为其他语义类型。作者认为这种现象主要源于说话人个体的经济性选择，即把两种功能编码为相同或非常相似的结构。

与上述交叠现象相反的是，在句法特征上，目的小句有别于其他状语小句。在不少语言中，目的小句要比其他状语小句更为"降级"(deranked)，表现为目的小句中的动词在形式上缺乏主句动词那样的时、体、情态，以及一致关系等标记。英语中以不定式结构来编码的目的小句就是很典型的例子。这种句法上的差异在澳大利亚和大洋洲部分地区的一些语言中表现得最为突出：这些语言中的目的小句被视为一个独立于其他状语小句的小句类别。比如拉乌卡莱韦语(Lavukaleve)①中目的小句的地位就十分特殊,该语言的从属小句系统被三分为关系小句、状语小句和目的小句,这是因为状语小句的论元都采用分裂作格(split-ergative)形式,而目的小句在论元形式上却与独立小句相同。

作者认为,目的小句的特殊地位是其系统内部历时演变的结果。基于语法化理论,作者分别讨论了从目的小句到补足语小句、关系小句的语法化过程,以及目的小句的来源等问题。

最后一章"结论和展望"首先归纳了人类语言中反复出现的五类目的结构:(i) 定式目的小句,(ii)非定式目的小句,(iii)"位移兼目的"结构、"位移—目的"补足语和目的义助动词结构,(iv) 带有目的义推理的结构,(v) 免除义结构。接着,简要回顾了书中一些重要的研究结论,并指出本书没有涉及的几个相关问题。最后,作者特别强调了大规模的语言类型学数据库在衡量那些用来解释世界语言中语法不对称现象的因素时所起的重要作用。

由于作者仅仅依靠 Li 和 Thompson(1981)等为数有限的几种文献来认识汉语中的目的小句,因此本书只在两个问题的讨论中引用了汉语的例子,但也不乏真知灼见。一是在讨论目的小句的论元时指出目的小句的主语和宾语都可以不出现。例如:

(4) 他给了我一碗汤[Ø 喝 Ø]。

目的小句"喝"的主语和宾语都是隐性的,但必须受主句中论元的"强制约束"。主句中的间接宾语"我"约束目的小句中的隐性主语,主句中的直接宾语"一碗汤"约束目的小句中的隐性宾语。

二是在讨论无标记目的小句的歧义问题时提到了汉语中的连动结构。例如:

(5) 我买票进去。

其中"买票"和"进去"这两个事件既可以理解为时间先后关系,

---

① 拉乌卡莱韦语,所罗门群岛中部的拉塞尔群岛上美拉尼西亚人使用的语言,属南岛语系。

也可以理解为行为和目的的关系。

长期以来,汉语学界习惯于将目的关系和复句形式对应起来。只有吕叔湘(1982[1942、1944]:406)等少数学者注意到例(4)和例(5)这样的句子也是表目的的形式:"……没有和'以'字相当的连系词,通常就把表目的的词结紧接在主要动词之后,不分开来自成小句。"从类型学角度来看,这种做法很不利于跨语言的比较研究。因为目的范畴为全人类(至少是大多数民族)所共有,但它以怎样的形式表达出来,在不同的语言中却是有差异的。本书作者就发现,除汉语之外,还有三种东南亚语言——亚齐语(Acehnese,属南岛语系),土康贝斯语(Tukang Besi,属南岛语系)和塞梅莱语(Semelai,属南亚语系),也用连动结构来表达目的关系。甚至在没有连动结构的英语(口语)中,也出现了类似的表达形式,如例(6)所示。因此,类型学研究将促使我们去重新审视以往对汉语目的表达形式的认识。

(6) Run go get me a newspaper.

（跑去给我拿份报纸。）

实际上,如果把汉语目的小句的研究纳入类型学的框架中去,我们不仅能借鉴类型学的成果与方法,还能为类型学的研究做出重要的贡献。下面简要谈几点:

第一,用信息结构原则来解释汉语目的小句的位置模式,就明显存在问题。本书认为主句表达了旧信息,目的小句表达了新信息,根据信息结构原则目的小句要后置于主句。但是,汉语中有许多以"为了"等标记引导的目的小句,一般都是前置于主句的,这就与信息结构原则相悖了。另外,从篇章的角度看,汉语的后置目的小句也可以表达旧信息。例如:

(7)他希望双方能在10日的会谈中就未来谈判的原则和议程达成一致。安南指出,目前留给塞各方的时间已不多,他们必须相互作出妥协,以便尽早达成协议。(《解放日报》2004年2月10日)

例(7)目的小句中的内容"达成协议"已经在上文出现过,是旧信息。相反,前面主句中的内容"必须相互作出妥协"却是新信息。

第二,汉语目的小句的隐性主语有时也不必受主句中论元的强制约束。例如:

(8)居民必须分类处理空罐、空瓶、旧报纸等垃圾,以便回收。(《市场报》1994年)

例(8)中目的小句的隐性主语(即"回收"的施事)并没有在主句中出现过,只能根据更大的语境来确定。

第三,本书在讨论目的小句的来源时,指出目的小句是由其他复杂句结构发展而来的。但汉语中有些目的小句却是由单句发展而来的。比如,由"为、为了、为着"等标记引导的目的小句在来源上都是由同形介词引导的介宾结构,在句中充当状语。

第四,就目前掌握的资料来看,源于"凭借"义动词的目的标记(如"借以""用以"等)不见于汉语之外的其他语言,很有可能是汉语目的标记的一个类型特征。

第五,目的范畴在人类语言中并不都是以小句的形式表达出来的。汉语中的"排火车票""考研究生"等"动词+目的宾语"结构,就是以名词短语的语法形式来编码目的义的。本书没有讨论小句以外的目的表达形式,不得不说是一种缺憾。

参 考 文 献

吕叔湘.中国文法要略[M].北京:商务印书馆,1982[1942、1944].

Hetterle, Katja. Adverbial Clauses in Cross-Linguistic Perspective[M]. Berlin: De Gruyter Mouton, 2015.

Li, Charles N. & Sandra A. Thompson. Mandarin Chinese: A Functional Reference Grammar[M]. Berkeley and Los Angeles: University of California Press, 1981.

Schmidtke-Bode, Karsten. A Typology of Purpose Clauses[M]. Amsterdam / Philadelphia: John Benjamins Publishing Company, 2009.

后　记

　　这本书是我近些年研究目的范畴的一个小结。选择目的范畴作为研究对象，多少有些偶然性。在我初窥语法学门径之时，吕叔湘的《中国文法要略》(商务印书馆，1982)使我感到耳目一新，该书对汉语句法进行全面的语义分析的模式，与我之前接触过的教科书大相径庭。特别是其中的"表达论"部分，给我留下了深刻的印象。后来读到 Karsten Schmidtke-Bode 的《目的小句的类型学研究》(*A Typology of Purpose Clauses*, John Benjamins Publishing Company, 2009)，就很自然地想起了《中国文法要略》中关于"目的"的内容，于是我希望从类型学的角度反观汉语的目的范畴，尽管本书在这方面做得并不尽如人意。本书初稿得到了业师张谊生教授的悉心指导。张老师是带我走上学术研究之路的引路人，他独到的视角、缜密的思维、灵敏的语感，以及倚马七纸般的写作速度和课堂上的妙语连珠，都令我心悦诚服。本书的主要内容及附录曾在《当代语言学》《东方语言学》《汉语学报》《汉语学习》《世界汉语教学》《语法化与语法研究(六)》等刊物和论文集中发表，这次统合成书，又做了增补和修订，一些观点也跟原先发表时有所不同。本书的出版得到了中国人民大学科学研究基金(中央高校基本科研业务费专项资金资助)(批准号：20XNA025)的资助，上海教育出版社也给了大力支持，责任编辑毛浩先生校正了体例和内容方面的一些错误，在此由衷地表示感谢。

丁　健

2022 年 3 月 6 日

于北京良乡

图书在版编目（CIP）数据

现代汉语目的范畴研究 / 丁健著. — 上海：上海教育出版社，2022.9
ISBN 978-7-5444-8831-0

Ⅰ.①现… Ⅱ.①丁… Ⅲ.①现代汉语 – 语义 – 研究
Ⅳ.①H136

中国版本图书馆CIP数据核字(2022)第160239号

责任编辑　毛　浩
封面设计　周　吉

现代汉语目的范畴研究
丁　健　著

出版发行　上海教育出版社有限公司
官　　网　www.seph.com.cn
地　　址　上海市闵行区号景路159弄C座
邮　　编　201101
印　　刷　上海叶大印务发展有限公司
开　　本　890×1240　1/32　印张 6.5
字　　数　169 千字
版　　次　2022年9月第1版
印　　次　2022年9月第1次印刷
书　　号　ISBN 978-7-5444-8831-0/H·0307
定　　价　52.00 元